职业教育财经商贸类专业教学用书

基础会计
习题集 （第六版）

主　编　励　丹
副主编　蒋永珍

华东师范大学出版社
·上海·

图书在版编目（CIP）数据

基础会计习题集/励丹主编. —6 版. —上海：
华东师范大学出版社,2024
ISBN 978 - 7 - 5760 - 4755 - 4

Ⅰ.①基…　Ⅱ.①励…　Ⅲ.①会计学－习题集　Ⅳ.
①F230 - 44

中国国家版本馆 CIP 数据核字（2024）第 052420 号

基础会计
习题集（第六版）

职业教育财经商贸类专业教学用书

主　　编　励 丹
责任编辑　何 晶
责任校对　时东明　劳律嘉
装帧设计　俞 越

出版发行　华东师范大学出版社
社　　址　上海市中山北路 3663 号　邮编 200062
网　　址　www. ecnupress. com. cn
电　　话　021 - 60821666　行政传真 021 - 62572105
客服电话　021 - 62865537　门市（邮购）电话 021 - 62869887
地　　址　上海市中山北路 3663 号华东师范大学校内先锋路口
网　　店　http://hdsdcbs.tmall.com

印 刷 者　常熟市文化印刷有限公司
开　　本　787 毫米×1092 毫米　1/16
印　　张　11.75
字　　数　280 千字
版　　次　2024 年 6 月第 6 版
印　　次　2024 年 6 月第 1 次
书　　号　ISBN 978 - 7 - 5760 - 4755 - 4
定　　价　28.00 元

出 版 人　王 焰

前　　言（第六版）

QIANYAN

　　本书是职业教育财经商贸类专业教学用书《基础会计（第六版）》的配套习题集。本套教材是以《中华人民共和国会计法》和《企业会计准则》为依据，针对会计岗位的基本要求和特点，并结合财经类工作岗位所需会计基础知识的要求而编写的。

　　在编写时，内容编排注重与教学相配合，帮助学生全面、准确地理解教材的主要内容，培养一定的实际操作能力。其特点有：(1)题型全面，根据教学内容设计了概念题和实务题两大类题目；(2)由浅入深，对教学知识点先进行简单练习，再进行综合练习；(3)配备了期中、期末考试的综合复习题，可作为教师命题参考；(4)设计、配置了综合实训题，学生在学完全部课程后可通过综合模拟实训进行操练，在实践中全方位复习基本的会计循环。

　　教材自 2005 年首版以来，受到了全国范围职业院校师生的欢迎和认可。编者依据新法规、新政策，对教材进行了积极的改版修订，谨以最新的内容面对读者。习题集也配合教材进行了全面修订，接受了使用者的建议，补充和调整了部分内容，更正了部分差错，以便更好地满足会计教学的需要。

　　本书共 10 章，第 1~6 章、期中和期末考试综合复习题（样卷）、基础会计综合实训题由励丹编写和修订，第 7~10 章由蒋永珍编写和修订。全书由励丹担任主编并定稿，蒋永珍任副主编。

　　本书在编写过程中得到了洪李萍、严均、徐新和朱建华等同志的大力协助，在此一并表示谢意。

　　由于水平有限，时间紧迫，书中如有不妥和错误之处，敬请专家、读者批评指正。

编　者
2024 年 6 月

目　录

基础会计·习题集（第六版）

目　录

基础会计·习题集（第六版）

目　录

基础会计·习题集（第六版）

第一章 总 论

一、填空题

1. 会计具有两大基本职能,即_____和_____。
2. 会计的对象是_____。
3. 会计的核算方法包括_____、_____、_____、_____、_____、_____和_____等。
4. 会计规范主要包括_____、_____、_____和_____。
5. 会计档案是指_____、_____和_____等会计资料。
6. "四柱清册"中"旧管＋新收－开除＝实在"的等式,翻译为现代文,可表达为_____。

二、单项选择题

( ) 1. 会计以_____作为主要计量尺度。
    A．实物量度　　　B．货币量度　　　C．劳动量度　　　D．时间量度

( ) 2. 会计的基本职能是_____。
    A．反映和考核　B．核算和监督　C．分析和管理　D．预测和决策

( ) 3. 四柱清册中的开除是指_____。
    A．期初余额　　　B．本期增加　　　C．本期减少　　　D．期末余额

( ) 4. 会计对经济活动的管理主要是_____。
    A．劳动管理　　　B．实物管理　　　C．价值管理　　　D．档案管理

( ) 5. 最新的会计法是_____颁布施行的。
    A．1985 年 1 月　　　　　　　　B．1993 年 12 月
    C．1999 年 10 月　　　　　　　　D．2000 年 7 月

( ) 6. 下列不属于会计工作组织的选项是_____。
    A．会计人员的配备　　　　　　B．会计规范的制定和执行
    C．会计机构的设置　　　　　　D．会计档案的管理

三、多项选择题

( ) 1. 会计的拓展职能主要有_____。
    A．会计评价　　　　B．会计预测　　　　C．会计决策
    D．会计控制　　　　E．会计核算

( ) 2. 工业企业的资金运动包括_____。
    A．资金进入企业　　B．资金在企业内部周转　C．向银行借款

D．利润分配　　　　　　　E．资金退出企业

（　　）3．资金在企业内部周转包括_____。

　　A．资金进入企业　　　B．采购过程　　　　C．生产过程
　　D．销售过程　　　　　E．资金退出企业

（　　）4．会计的方法包括_____。

　　A．会计核算方法　　　B．会计分析方法　　C．会计检查方法
　　D．会计预测方法　　　E．会计决策方法

（　　）5．下列属于会计核算方法的选项有_____。

　　A．登记账簿　　　　　B．成本计算　　　　C．借贷记账法
　　D．财产清查　　　　　E．会计评价

（　　）6．各单位会计机构的设置，可根据具体情况选择_____。

　　A．单位负责人亲自记账　B．临时请人记账　　C．委托代理记账
　　D．设置专职会计人员　　E．设置会计机构

（　　）7．出纳人员不得兼任的岗位有_____。

　　A．稽核　　　　　　　B．库存现金日记账　　C．会计档案保管
　　D．收入、费用账目登记　E．债权债务账目登记

（　　）8．我国已颁布的会计准则有_____。

　　A．行业会计准则　　　B．企业会计准则　　　C．小企业会计准则
　　D．事业单位会计准则　E．机关单位会计准则

四、判断改错题

（　　）1．会计的目标是提高企业的经济效益。

　　改错：＿＿＿＿＿＿＿＿＿＿＿＿＿＿＿＿＿＿＿＿＿＿＿＿＿＿

（　　）2．会计人员的工作岗位，可以一人一岗、一人多岗或一岗多人。

　　改错：＿＿＿＿＿＿＿＿＿＿＿＿＿＿＿＿＿＿＿＿＿＿＿＿＿＿

（　　）3．会计档案的定期保管期限分5年、10年、30年和永久四种。

　　改错：＿＿＿＿＿＿＿＿＿＿＿＿＿＿＿＿＿＿＿＿＿＿＿＿＿＿

（　　）4．资金周转周而复始地进行，称为资金循环。

　　改错：＿＿＿＿＿＿＿＿＿＿＿＿＿＿＿＿＿＿＿＿＿＿＿＿＿＿

（　　）5．由于会计核算是会计的基本环节，所以狭义的会计方法通常就指会计核算方法。

　　改错：＿＿＿＿＿＿＿＿＿＿＿＿＿＿＿＿＿＿＿＿＿＿＿＿＿＿

（　　）6．"会计凭证→会计账簿→会计报表"构成一个会计循环，是会计核算方法的基本
　　　　模式。

　　改错：＿＿＿＿＿＿＿＿＿＿＿＿＿＿＿＿＿＿＿＿＿＿＿＿＿＿

五、简答题

　　1．试述会计的概念和职能。

2. 什么是会计的目标?

3. 试述工业企业的资金周转。

4. 会计核算有哪些专门方法? 如何理解这些专门方法所构成的会计核算方法体系?

5. 什么是会计档案? 会计档案包括哪些内容?

第二章　会计要素与会计等式

一、填空题

1. 反映企业财务状况的会计要素是_____、_____和_____；反映企业经营成果的会计要素是_____、_____和_____。

2. 资产按其流动性和管理的需要,可分为_____和_____。

3. 资产是指_____。

4. 资产可以是货币性的,也可以是_____；可以是有形的,也可以是_____。

5. 权益包括投资人权益和_____。

6. 企业的收入可以分为_____和_____。

7. 期间费用包括_____、_____和_____。

8. 利润按其来源可以分为_____、_____和_____。

二、单项选择题

(　　) 1. 下列属于非流动资产的项目是_____。
　　A．长期投资　　　B．存货　　　　C．货币资金　　　D．应收债权

(　　) 2. 专利权属于企业的_____。
　　A．流动资产　　　B．固定资产　　C．无形资产　　　D．长期投资

(　　) 3. 下列属于负债的项目是_____。
　　A．长期投资　　　B．应收票据　　C．实收资本　　　D．应付利润

(　　) 4. 会计等式的标准表达式是_____。
　　A．资产＝权益
　　B．资产＝负债+所有者权益+(收入−费用)
　　C．资产＝负债+所有者权益
　　D．资产＝负债+所有者权益+利润

(　　) 5. 购进材料一批,货款未付,将引起企业资金发生_____的变化。
　　A．一项资产增加,一项负债等额增加
　　B．一项资产增加,另一项资产等额减少
　　C．一项资产减少,一项负债等额减少
　　D．一项资产增加,一项所有者权益等额增加

(　　) 6. 以银行存款缴纳税金,所引起的变动为_____。
　　A．一项资产增加,一项负债等额增加
　　B．一项资产增加,一项所有者权益等额增加

C．一项资产减少，一项负债等额减少

D．一项资产减少，一项所有者权益等额减少

（ ）7. 下列选项中会引起资产和负债同时增加的经济业务是_____。

  A．以银行存款购买材料   B．向银行借款存入存款户

  C．以无形资产向外单位投资 D．以银行存款偿还应付账款

（ ）8. 下列选项中会引起资产有增有减的经济业务是_____。

  A．向银行借款存入存款户   B．以现金支付职工工资

  C．收回前欠货款存入银行   D．收到投资人投入的货币资金

三、多项选择题

（ ）1. 反映企业财务状况的会计要素有_____。

  A．收入   B．所有者权益 C．资产   D．利润

  E．负债

（ ）2. 下列属于流动资产的项目有_____。

  A．货币资金 B．存货   C．交易性金融资产

  D．应收债权 E．无形资产

（ ）3. 下列属于负债的项目有_____。

  A．应付账款 B．短期借款 C．应付职工薪酬 D．长期投资

  E．应交税费

（ ）4. 所有者权益包括的项目有_____。

  A．实收资本 B．资本公积 C．未分配利润 D．注册资本

  E．盈余公积

（ ）5. 企业发生的会计事项，从资产和权益增减变动的角度看，可归纳为以下类型
_____。

  A．资产增加、权益等额增加   B．资产减少、权益等额减少

  C．资产增加、权益等额减少   D．资产减少、权益等额增加

  E．资产或权益内有关项目等额增减

（ ）6. 经济业务发生后，下列选项中会引起企业资产总额变化的有_____。

  A．收到投资者投入的现金   B．以银行存款购入设备

  C．以银行存款归还前欠货款 D．向银行借款

  E．从仓库领料，投入生产

（ ）7. 下列属于正确的经济业务类型的选项有_____。

  A．一项资产增加，一项所有者权益减少

  B．资产、负债同时增加

  C．一项负债减少，一项所有者权益增加

  D．负债与所有者权益同时增加

  E．资产与所有者权益同时增加

（ ）8. 经济业务发生后，下列选项中使资产和权益总额不变的有_____。

基础会计·习题集（第六版）

A．收到投资者投入的设备　　　　B．以银行存款购入原材料

C．销售商品，款未收　　　　　　D．从银行提取现金

E．向仓库领料，投入生产

四、判断改错题

（　　）1. 流动负债与非流动负债的界限是一年，偿还期在一年以内的债务称为流动负债。

改错：＿＿＿＿＿＿＿＿＿＿＿＿＿＿＿＿＿＿＿＿＿＿＿＿＿＿＿＿＿＿＿

（　　）2. "资产＝负债+所有者权益"这一会计等式所体现的平衡关系原理，是复式记账和编制会计报表的理论依据。

改错：＿＿＿＿＿＿＿＿＿＿＿＿＿＿＿＿＿＿＿＿＿＿＿＿＿＿＿＿＿＿＿

（　　）3. 资产与权益始终保持平衡关系。因此任何经济业务的发生都不会改变资产和权益的金额。

改错：＿＿＿＿＿＿＿＿＿＿＿＿＿＿＿＿＿＿＿＿＿＿＿＿＿＿＿＿＿＿＿

（　　）4. 资产、负债和所有者权益是资金运动在某一时期运动状态的会计要素。

改错：＿＿＿＿＿＿＿＿＿＿＿＿＿＿＿＿＿＿＿＿＿＿＿＿＿＿＿＿＿＿＿

（　　）5. 所有者权益在数量上表现为资产减去负债后的余额。

改错：＿＿＿＿＿＿＿＿＿＿＿＿＿＿＿＿＿＿＿＿＿＿＿＿＿＿＿＿＿＿＿

（　　）6. 对企业的成本、费用可视同资产处理；对企业的收入可视同权益处理。

改错：＿＿＿＿＿＿＿＿＿＿＿＿＿＿＿＿＿＿＿＿＿＿＿＿＿＿＿＿＿＿＿

五、简答题

1. 会计要素可分为哪几项？

2. 试述各项会计要素的基本概念和主要分类。

3. 什么是会计等式？它有哪几种表现形式？

4. 会计事项的发生为什么不会破坏会计等式的平衡关系？

5. 会计事项可以分成哪几种类型？

基础会计·习题集（第六版）

第三章　账户与复式记账

一、填空题

1. 会计科目是_____。

2. 会计科目按经济内容分类,可分为_____、_____、
_____、_____、_____。

3. 账户是具有一定结构,用来_____
_____的记账单元。

4. 复式记账是指_____
_____的一种记账方法。

5. 复式记账法可分为_____、_____和_____三种。

6. 复式记账法的记账规律是_____。

7. 会计分录是指_____。

8. 会计分录的三要素是_____。

9. 会计分录的列示方式可概括为_____
_____。

10. 借贷记账法下,平衡关系主要表现在_____和_____两个
方面。

11. 总分类账是根据_____设置的,用来提供_____核算资料,
通常只用_____计量单位进行核算。

12. 明细分类账是根据_____设置的,
用来提供_____核算资料,通常采用_____计量单位进行核算。

13. 总账和明细账平行登记的要点包括_____
_____。

14.

借　方	账　户	贷　方
资产	增加	资产	
负债	_____	负债	_____
所有者权益		所有者权益	_____
成本	_____	成本	_____
收入	_____	收入	_____
支出	_____	支出	_____

15. 总账和明细账平行登记后的数量关系可用公式表示为:

_____、
_____。

基础会计·习题集(第六版)

二、单项选择题

( ) 1. 会计科目是_____。

    A．会计要素的名称　　　　　　　　B．会计账户的名称

    C．会计报表的名称　　　　　　　　D．会计账簿的名称

( ) 2. 根据复式记账原理,每一会计事项都要以相等的金额同时在_____中进行登记。

    A．一个资产账户和一个负债账户　　B．一个总账账户和一个所属明细账户

    C．两个或两个以上账户　　　　　　D．一个账户的借方和一个账户的贷方

( ) 3. "应付账款"账户的期初余额为 7 000 元,本期借方发生额为 8 000 元,贷方发生额为 12 000 元,其期末余额为_____元。

    A．借余 11 000　　B．贷余 11 000　　C．借余 3 000　　D．贷余 3 000

( ) 4. 下列属于简单会计分录的选项是_____。

    A．多借多贷　　　B．一借多贷　　　C．一贷多借　　　D．一借一贷

( ) 5. 下列_____不是会计分录的要素。

    A．账户名称　　　B．记账时间　　　C．金额　　　　　D．记账方向

( ) 6. 账户分为借贷两方,哪一方记增加,哪一方记减少,取决于_____。

    A．记账方法　　　　　　　　　　　B．记账规则

    C．会计核算方法　　　　　　　　　D．账户所反映的经济内容

( ) 7. 总分类账户和明细分类账户之间的关系是_____。

    A．相等　　　　　B．名称一致　　　C．统驭和从属　　D．相互依存

( ) 8. 某企业期初资产 1 600 000 元,本期接受投资 500 000 元存入银行,收回应收账款 4 500 元存入银行,购入材料 3 200 元款未付,原材料 20 000 元投入生产,该企业期末资产总额为_____元。

    A．2 103 200　　　B．2 127 700　　　C．2 107 700　　　D．2 123 200

三、多项选择题

( ) 1. 下列说法正确的选项有_____。

    A．本期的期末余额即为下期的期初余额

    B．如果账户的左方登记增加额,则右方登记减少额

    C．账户余额的方向一般与登记增加额的方向是一致的

    D．会计科目是对会计要素进行具体分类的名称

    E．会计科目的编号可有可无

( ) 2. 在借贷记账法中,贷方登记_____。

    A．资产账户增加　　　B．资产账户减少　　　C．权益账户增加

    D．权益账户减少　　　E．收入账户增加,成本费用账户减少

( ) 3. 在借贷记账法中,借方和贷方必然相等的这种平衡关系主要表现为_____。

    A．余额平衡　　　　　B．期初余额平衡　　　C．发生额平衡

基础会计·习题集(第六版)

D．借贷平衡　　　　　　E．每笔分录平衡

（　　）4．下列对会计科目论述正确的选项有_____。

    A．会计科目是由财政部统一制定的,但企业可在规定的范围内根据实际情况进行增设和合并

    B．会计科目是由财政部统一制定的,子细目是由企业自行制定的

    C．会计科目是由财政部统一制定的,企业不得自行增设或合并有关会计科目

    D．除财政部统一制定的子细目外,企业可根据需要自行增设子细目

    E．会计科目之间留有的空号,是为以后增设会计科目之用

（　　）5．下列选项中_____不是会计科目。

    A．机器设备　　　　　　B．库存现金　　　　　　C．产品

    D．银行存款　　　　　　E．银行借款

（　　）6．下列选项中_____是所有者权益类会计科目。

    A．本年利润　　　　　　B．利润分配　　　　　　C．资本公积

    D．实收资本　　　　　　E．盈余公积

（　　）7．计算账户的期末余额,需依据_____才能计算出来。

    A．本期期初余额　　　　B．本期增减净额　　　　C．本期增加发生额

    D．本期减少发生额　　　E．本期企业资金总额

（　　）8．在进行试算平衡时,下列选项中_____错误不会影响借贷双方的平衡关系。

    A．漏记一笔会计分录

    B．重记一笔会计分录

    C．会计分录记错账户(同类账户)

    D．漏记一个会计账户

    E．重记一个会计账户

四、判断改错题

（　　）1．在借贷记账法下,账户的借方登记增加数,账户的贷方登记减少数。

    改错：_____

（　　）2．在一笔会计分录中,具有借贷对照关系的账户互为对应账户。

    改错：_____

（　　）3．复式记账是指对每一会计事项都要以相等的金额同时在两个相互联系的账户中进行登记。

    改错：_____

（　　）4．复合会计分录,是指至少有两个相对应账户的会计分录。

    改错：_____

（　　）5．试算平衡是检验账户记录正确与否的有效方法,只要试算平衡,即说明账户记录无误。

    改错：_____

（　　）6. 资产类账户的余额一般在借方,权益类账户的余额一般在贷方。

改错：_____

（　　）7. 全部账户的期末借方余额合计一定等于全部账户的期末贷方余额合计。

改错：_____

（　　）8. 所有总分类账户都必须设置明细分类账户。

改错：_____

五、简答题

1. 什么是会计科目? 试述会计科目的分类。

2. 试述会计科目与账户的联系与区别。

3. 什么是复式记账? 试述复式记账的特点。

4. 什么是借贷记账法?

5. 什么是账户的对应关系？什么是会计分录？试以复合分录为例说明账户的对应关系。

6. 什么是试算平衡？试述平衡关系的表现。

7. 什么是总分类账户？什么是明细分类账户？两者的关系如何？

8. 试述总分类账户和明细分类账户平行登记的要点。

六、核算题

习题 3-1

【目的】练习会计要素和会计科目的确认。

【资料】天元公司 20××年 3 月 31 日资产、负债和所有者权益项目的状况如下表：

序号	资料内容	金额	资产	负债	所有者权益	会计科目
1	出纳员处存放的现金	2 000				
2	接受投资	100 000				
3	管理部门用房	200 000				
4	生产用设备	400 000				
5	存在银行的款项	680 000				
6	货运卡车一辆	18 000				
7	库存完工商品	86 000				
8	尚未缴纳的税金	9 000				
9	应付购入材料款	53 000				
10	向银行借入的半年期借款	120 000				
11	库存原材料	60 000				
12	应付给投资者的利润	168 000				
13	尚未收回的销货款	78 000				
14	职工暂借的差旅费	5 000				
15	已实现的利润	150 000				
16	购入的产品商标权	98 000				
17	对甲工厂投资	200 000				
18	应付未付的职工工资	107 000				
19	账面结余的盈余公积	220 000				
20	资本金	900 000				
	合　　计					—

【要求】

1. 根据资料逐项判别后，将金额填入相关会计要素栏内；
2. 计算合计数，并运用会计等式进行试算平衡；
3. 填写适用的会计科目。

习题 3-2

【目的】练习借贷记账法下账户的基本结构。

【资料】

1. 资产类账户的基本结构如下：

借　方		银行存款		贷　方	
期初余额	120 200	●			67 000
●	3 000	●			58 600
●	5 600	●			4 400
●	37 000				
本期发生额	＿＿＿＿	本期发生额			＿＿＿＿
期末余额	＿＿＿＿				

资产类账户期末余额计算公式为：

期初借方余额+本期＿＿＿＿发生额-本期＿＿＿＿发生额=期末＿＿＿＿余额

2. 负债类账户的基本结构如下：

借　方		应付账款		贷　方	
●	32 000	期初余额			20 600
●	67 000	●			54 400
●	1 000	●			58 600
●	3 600				
本期发生额	＿＿＿＿	本期发生额			＿＿＿＿
		期末余额			

负债类账户期末余额计算公式为：

期初＿＿＿＿余额+本期＿＿＿＿发生额-本期＿＿＿＿发生额=期末＿＿＿＿余额

3. 所有者权益类账户的基本结构如下：

借　方		实收资本		贷　方	
		期初余额			100 000
		●			250 000
		本期发生额			＿＿＿＿
		期末余额			＿＿＿＿

所有者权益类账户期末余额计算公式为：

期初＿＿＿＿余额+本期＿＿＿＿发生额-本期＿＿＿＿发生额=期末＿＿＿＿余额

4. 成本类账户的基本结构如下：

借　方		生产成本		贷　方	
期初余额	35 000	●			101 800
●	74 000				
●	27 600				
本期发生额	＿＿＿＿	本期发生额			＿＿＿＿
期末余额	＿＿＿＿				

成本类账户期末余额计算公式为：

期初_____余额+本期_____发生额－本期_____发生额＝期末_____余额

5. 损益类账户的基本结构如下：

（1）收入类账户

借　方	主营业务收入	贷　方
● 　　　　110 000	●	82 000
●		23 000
●		5 000
本期发生额　　　　_____	本期发生额　　　　_____	
	期末余额　　　　_____	

收入类账户期末余额计算公式为：

期初_____余额+本期_____发生额－本期_____发生额＝期末_____余额

（2）支出类账户

借　方	销售费用	贷　方
● 　　　　7 600	●	43 000
● 　　　　24 000		
● 　　　　11 400		
本期发生额　　　　_____	本期发生额　　　　_____	
期末余额　　　　_____		

支出类账户期末余额计算公式为：

期初_____余额+本期_____发生额－本期_____发生额＝期末_____余额

【要求】

1. 分别填列各类账户的本期发生额及余额；
2. 填列各类账户的余额计算公式。

习题 3-3

【目的】练习账户余额计算公式的运用。

【资料】天化公司 3 月末部分账户资料见下表。

【要求】利用账户余额计算公式，计算填列表中空格。

账户名称	期初余额	本期借方发生额	本期贷方发生额	期末余额
库存现金	1 500	（　　）	2 700	1 480
应付账款	6 600	47v000	（　　）	3 100
短期借款	（　　）	80 000	120 000	50 000
库存商品	39 000	54 800	76 000	（　　）

账户名称	期初余额	本期借方发生额	本期贷方发生额	期末余额
实收资本	250 000	（　　）	70 000	320 000
生产成本	21 000	34 000	（　　）	28 050

习题 3-4

【目的】练习账户结构及试算平衡原理。

【资料】天天工厂 4 月末账户资料见下表。

【要求】计算填列表中空格并试算平衡。

账户名称	期初余额		本期发生额		期末余额	
	借方	贷方	借方	贷方	借方	贷方
库存现金	2 900		50 000	48 200	（　　）	
银行存款	（　　）		90 800	82 000	139 400	
应收账款	24 500		（　　）	50 500	22 000	
库存商品	54 000		86 000	（　　）	87 500	
生产成本	33 000		49 800	（　　）	50 400	
固定资产	（　　）		32 000	43 000	244 000	
应付账款		24 000	56 000	52 000		（　　）
长期借款		（　　）	50 000	—		48 000
实收资本		300 000	（　　）	180 000		380 000
本年利润		78 000		22 000		（　　）
合　计						

习题 3-5

【目的】练习编制会计分录。

【资料】天虎公司 5 月份发生下列会计事项：

1. 接受投资者投入原材料，价值 45 000 元。
2. 向清奇工厂购入材料一批计 36 530 元，以存款支付 6 530 元，其余暂欠。
3. 领用材料一批，价值 30 450 元，投入生产。
4. 以银行存款偿还前欠华韵工厂货款 4 900 元。
5. 收到紫竹公司前欠货款 15 200 元，存入银行。
6. 以银行存款归还短期借款 10 000 元。
7. 将超出规定限额的库存现金 1 600 元解存银行。
8. 采购员暂借差旅费 3 000 元，付给现金。
9. 以银行存款支付购入商标权价款，计 85 000 元。
10. 借入短期借款 60 000 元，直接归还到期的长期借款。

【要求】根据上述会计事项编制会计分录。

会计分录用纸（代记账凭证）

日期	凭证号数	摘　要	会计科目及子细目	过账	借方金额	贷方金额

习题 3-6

【目的】练习编制会计分录、登记总账和编制试算平衡表。

【资料】

1. 天青工厂 6 月份全部账户的期初余额见下表。

资产账户	金　额（元）	负债及所有者权益账户	金　额（元）
库存现金	1 400	短期借款	120 000
银行存款	130 000	应付账款	20 980
应收账款	3 600	实收资本	360 000
原材料	28 000		
库存商品	34 000		
生产成本	23 080		
固定资产	280 900		
合　　计	500 980	合　　计	500 980

2. 6 月份天青工厂发生的会计事项如下：

（1）向振业工厂购入甲材料 85 000 元，材料已验收入库，货款尚未支付。

（2）从银行提取现金 600 元备用。

（3）投资者王华投入新机床一台，价值 28 000 元。

（4）收到大秦工厂还来前欠货款 3 600 元，其中 3 000 元为银行存款，600 元为现金。

（5）领用材料一批，价值 10 500 元，全部投入产品生产。

（6）茶花公司投资现金 50 000 元，存入银行。

（7）以银行存款归还短期借款 50 000 元。

（8）一批产品完工入库，价值 32 000 元。

（9）向紫竹工厂购入乙材料 17 500 元，材料已验收入库，当即以银行存款支付 10 000 元，其余货款尚未支付。

（10）以银行存款 85 000 元归还前欠振业工厂货款。

【要求】

1. 根据资料 1 开设各总分类账户，并登记期初余额。

2. 根据资料 2 编制会计分录，并据以登记相关总账（丁字账户）。

3. 结出各账户的本期发生额及余额。

4. 根据账户资料编制试算平衡表。

基础会计·习题集（第六版）

会计分录用纸（代记账凭证）

日期	凭证号数	摘　要	会计科目及子细目	过账	借方金额	贷方金额

库存现金　　　　　　　　　　　　　　　银行存款

应收账款

原材料

库存商品

生产成本

固定资产

短期借款

应付账款

实收资本

试算平衡表

年　月　日

账户名称	期初余额		本期发生额		期末余额	
	借方	贷方	借方	贷方	借方	贷方
合　计						

习题 3-7

【目的】练习根据账户的对应关系确认会计事项内容。

【资料】天翔公司 7 月份部分账户记录如下：

库存现金		银行存款		应收账款
① 1 000		① 1 000　④ 47 000		② 23 000
⑧ 2 500		② 23 000　⑤ 30 000		
		⑥ 80 000		

其他应收款	原材料	库存商品
⑧ 2 500	⑤ 60 000	⑦ 35 000

生产成本	固定资产	短期借款
⑦ 35 000	③ 78 000	⑥ 80 000

应付账款	实收资本
④ 47 000　⑤ 30 000	③ 78 000

【要求】

1. 根据账户记录整理还原成会计分录。
2. 根据会计分录的对应关系写出会计事项的内容。

序号	会计分录	会计事项内容

习题 3-8

【目的】练习总分类账户和明细分类账户的平行登记。

【资料】

1. 天安工厂 7 月初有关账户的期初余额如下：

"原材料"账户资料

材料品种	计量单位	数量	单价(元)	金额(元)
甲种材料	千克	2 300	38	87 400
乙种材料	吨	228	126	28 728
丙种材料	箱	167	210	35 070
合　计	—	—	—	151 198

基础会计·习题集(第六版)

"应付账款"账户资料

户　名	金额（元）
梅花公司	54 000
荷花工厂	1 800
睡莲公司	27 000
合　计	82 800

2. 天安工厂7月份发生部分经济业务如下：

（1）向梅花公司购入甲种材料4 000千克，@38.00；乙种材料100吨，@126.00。材料已验收入库，货款未付。

（2）向夏荷工厂购入丙种材料400箱，@210.00。材料验收入库，货款未付。

（3）生产车间领用甲种材料2 000千克，@38.00，丙种材料200箱，@210.00，全部投入产品生产。

（4）以银行存款11 000元归还前欠梅花公司货款4 000元，归还前欠采莲公司货款7 000元。

（5）生产车间领用乙种材料200吨，@126.00；领用丙种材料150箱，@210.00，全部投入产品生产。

（6）以银行存款1 800元归还前欠夏荷工厂货款。

（7）向采莲公司购入丙种材料20箱，@210.00；材料验收入库，货款未付。

（8）以银行存款50 000元归还前欠梅花公司货款。

（9）生产车间领用甲种材料1 500千克，@38.00，领用乙种材料40吨，@126.00，全部投入产品生产。

（10）以银行存款归还前欠梅花公司货款50 000元及采莲公司货款20 000元。

【要求】

1. 根据资料1开设"原材料""应付账款"总分类账户及其所属明细分类账户，并填入期初余额。

2. 根据资料2编制会计分录，并据以登记"原材料"和"应付账款"总分类账户及其所属明细分类账户。

3. 结出各账户的本期发生额和期末余额。

4. 编制"原材料"和"应付账款"的明细分类账户本期发生额及余额表。

会计分录用纸（代记账凭证）

日期	凭证号数	摘　要	会计科目及子细目	过账	借方金额	贷方金额

总分类账户

账户名称:原材料

××年		凭证号数	摘　要	借　方	贷　方	借或贷	余　额
月	日						

明细分类账户

账户名称:原材料——甲种材料　　　　　　　　　　　　　　　　计量单位:

××年		凭证号数	摘要	收　入			发　出			结　存		
月	日			数量	单价	金额	数量	单价	金额	数量	单价	金额

账户名称:原材料——乙种材料　　　　　　　　　　　　　　　　计量单位:

××年		凭证号数	摘要	收　入			发　出			结　存		
月	日			数量	单价	金额	数量	单价	金额	数量	单价	金额

账户名称:原材料——丙种材料　　　　　　　　　　　　　　　　　　　计量单位:

××年		凭证号数	摘　要	收　入			发　出			结　存		
月	日			数量	单价	金额	数量	单价	金额	数量	单价	金额

总分类账户

账户名称:应付账款

××年		凭证号数	摘　要	借　方	贷　方	借或贷	余　额
月	日						

明细分类账户

账户名称:应付账款——梅花公司

××年		凭证号数	摘　要	借　方	贷　方	借或贷	余　额
月	日						

账户名称:应付账款——夏荷工厂

××年		凭证号数	摘　要	借　方	贷　方	借或贷	余　额
月	日						

账户名称:应付账款——采莲公司

××年		凭证号数	摘　要	借　方	贷　方	借或贷	余　额
月	日						

原材料明细分类账户本期发生额及余额表

明细分类账户名称	期初余额		本期发生额		期末余额	
	借方	贷方	借方	贷方	借方	贷方
合　计						

应付账款明细分类账户本期发生额及余额表

明细分类账户名称	期初余额		本期发生额		期末余额	
	借方	贷方	借方	贷方	借方	贷方
合　计						

第四章 借贷记账法在工业企业的运用

一、填空题

1. 资本金是指_____。
2. 借入资金是指_____。
3. 采购过程是指_____
_____。
4. 材料采购成本＝_____。
5. 材料采购费用是指_____
_____。
6. 材料采购费用分配率的计算公式为_____
_____
_____
7. 生产过程是指_____
8. 生产成本一般按_____设置明细账。
9. 固定资产折旧是指_____
_____。
10. "累计折旧"账户是_____类账户。
11. 制造费用分配率的计算公式为_____
_____
12. 利润总额＝_____。
13. 应纳所得税额＝_____。
14. 净利润＝_____。

二、单项选择题

( ) 1. 企业收到投资人投入资本时,应贷记_____账户。

　　A."银行存款"　　B."原材料"　　C."固定资产"　　D."实收资本"

( ) 2. "在途物资"账户明细账一般按_____设置。

　　A.存放材料的仓库　　　　　　B.消耗材料的部门

　　C.采购材料的单位　　　　　　D.材料的品种规格

( ) 3. 生产管理部门人员的工资及福利费应在_____账户列支。

　　A."生产成本"　　B."制造费用"　　C."管理费用"　　D."销售费用"

( ) 4. 期间费用账户月末应_____。

　　A.有借方余额　　　　　　　　B.有贷方余额

　　C.有借方或贷方余额　　　　　D.无余额

( ) 5. 购入不需安装设备一台,计买价 50 000 元、增值税 6 500 元、运杂费 1 200 元、包装费 500 元，应记入固定资产账户的金额是_____元。

    A．56 500   B．51 700   C．58 200   D．51 200

（   ）6．"固定资产"账户反映的是_____。

    A．固定资产原值   B．固定资产净值

    C．固定资产损耗价值   D．固定资产累计折旧

（   ）7．_____账户主要用于核算间接生产成本。

    A．"制造费用"   B．"销售费用"   C．"管理费用"   D．"财务费用"

（   ）8．"本年利润"账户各月末余额反映的是_____。

    A．本月实现的利润总额

    B．本月实现的净利润

    C．从年初起至本月止实现的利润总额

    D．从年初起至本月止实现的净利润

（   ）9．净利润是指_____。

    A．利润总额－所得税费用   B．利润总额＋所得税费用

    C．营业利润＋营业外收支金额   D．营业利润＋投资净收益

（   ）10．企业实现的净利润要按一定的程序进行分配，下列属于利润分配的内容的选项有

_____。

    A．计提所得税费用   B．提取盈余公积

    C．提取应付利息   D．归还应付账款

三、多项选择题

（   ）1．材料的采购费用包括采购材料过程中发生的_____。

    A．运输费   B．装卸费   C．保险费

    D．运输途中的合理损耗   E．入库前的挑选整理费

（   ）2．成本项目可分为_____等。

    A．制造费用   B．管理费用   C．直接材料

    D．直接人工   E．销售费用

（   ）3．下列属于成本类账户的选项有_____。

    A．生产成本   B．主营业务成本   C．税金及附加

    D．销售费用   E．制造费用

（   ）4．下列选项中会在"生产成本"账户的借方登记生产过程中发生的有_____。

    A．直接材料   B．直接人工   C．折旧费用

    D．制造费用   E．管理费用

（   ）5．关于"制造费用"账户的说法下列_____是正确的。

    A．借方登记实际发生的制造费用

    B．期末结转后一般无余额

    C．属损益类支出账户

    D．贷方登记期末转入"本年利润"账户的制造费用

E．贷方登记期末分配转入"生产成本"账户的制造费用

（　　）6．"财务费用"账户核算的内容主要有_____。

  A．借款利息支出　　　　B．存款利息收入　　　　C．国债利息收入

  D．银行手续费　　　　　E．汇兑损失

（　　）7．下列选项中_____应作为"管理费用"支出。

  A．车间管理人员工资　　B．厂部管理人员差旅费　C．业务招待费

  D．车船使用税　　　　　E．厂部办公用品费

（　　）8．期末核算财务成果时,应将下列_____账户的发生额转入"本年利润"账户的贷方。

  A．"主营业务收入"　　　B．"主营业务成本"　　　C．"税金及附加"

  D．"营业外收入"　　　　E．"其他业务收入"

（　　）9．期末核算财务成果时,应将下列_____账户的发生额转入"本年利润"账户的借方。

  A．"主营业务成本"　　　B．"税金及附加"　　　　C．"其他业务成本"

  D．"制造费用"　　　　　E．"营业外支出"

（　　）10．下列属于营业外支出的选项有_____。

  A．固定资产盘亏　　　　B．处置固定资产净损失　C．出售无形资产损失

  D．罚款支出　　　　　　E．捐赠支出

四、判断改错题

（　　）1．企业接受投资的形式,只能是货币,或者是实物资产。

  改错：_____

（　　）2．投资者投入企业的资金在企业存续期间应当保全,除法律法规另有规定外,只能依法转让,不得抽回。

  改错：_____

（　　）3．长期借款是指企业向银行借入的偿还期在一年以上（含一年）的款项。

  改错：_____

（　　）4．材料采购费用应记入"销售费用"账户。

  改错：_____

（　　）5．生产费用按其与产品的关系分类,可分为直接费用与间接费用。

  改错：_____

（　　）6．直接费用是指与某种产品有关的生产费用;间接费用是与多种产品有关的生产费用。

  改错：_____

（　　）7．企业为筹集资金而发生的费用应在"管理费用"账户列支。

  改错：_____

（　　）8．"制造费用"账户月末一般没有余额。

  改错：_____

基础会计·习题集（第六版）

（　）9. "生产成本"账户的期末借方余额,表示期末结存的在产品余额。

改错:＿＿＿＿＿＿＿＿＿＿＿＿＿＿＿＿＿＿＿＿＿＿＿

（　）10. 损益类账户月末一般没有余额。

改错:＿＿＿＿＿＿＿＿＿＿＿＿＿＿＿＿＿＿＿＿＿＿＿

五、连线题

制造费用　　　　　　　　成本账户
管理费用
销售费用
财务费用　　　　　　　　损益账户

六、简答题

1. 工业企业筹集资金主要有哪些渠道?

2. 采购过程核算中为什么要设置"在途物资"账户? 这个账户的结构是怎样的?

3. 试述材料的实际采购成本的构成。

4. 如何划分直接费用和间接费用?

5. 如何运用"生产成本"账户和"制造费用"账户来归集生产费用,计算产品成本?

6. 产品成本项目有哪些? 试述"制造费用"科目与"制造费用"成本项目的区别。

7. 什么是期间费用? 试述期间费用的构成。

8. 简述营业利润的构成。

9. 说明"本年利润"账户的用途和结构。

10. 资金退出企业有哪些形式?

七、核算题

习题 4-1

【目的】练习资金进入企业的核算。

【资料】黄山公司 1 月份发生部分会计事项如下：

1. 向银行申请取得三年期贷款 200 000 元,存入银行。
2. 接受国家投资新建仓库一座,价值 1 000 000 元。
3. 以银行存款归还银行短期借款 120 000 元。
4. 接受李靖个人投资 80 000 元,存入银行。
5. 接受天山公司以商标权所作的投资,协议价 500 000 元。
6. 借入短期借款 200 000 元直接归还已到期的长期借款。

【要求】根据所列会计事项编制会计分录。

会计分录用纸(代记账凭证)

日期	凭证号数	摘　要	会计科目及子细目	过账	借方金额	贷方金额

习题 4-2

【目的】练习工业企业采购过程的核算。

【资料】黄山公司 1 月份发生部分会计事项如下：

1. 向凤梨工厂购入甲材料 100 千克,@180.00,计货款 18 000 元,增值税进项税额 2 340 元,款项未付。
2. 以现金 200 元支付上项材料的采购费用。
3. 上项甲材料验收入库,并按其实际采购成本转账。

4. 向兰星公司购入乙材料 200 吨,@212.00,计货款 42 400 元,增值税进项税额 5 512 元,款项以银行存款支付。

5. 上项购入的乙材料验收入库,并按其实际采购成本转账。

6. 以银行存款偿还前欠凤梨工厂的货款。

【要求】根据所列会计事项编制会计分录。

会计分录用纸(代记账凭证)

日期	凭证号数	摘　要	会计科目及子细目	过账	借方金额	贷方金额

习题 4-3

【目的】练习工业企业采购过程的核算和材料采购成本的计算。

【资料】衡山公司 1 月份发生部分会计事项如下:

1. 向丰华工厂购入甲材料 400 千克,@45.00,计价款 18 000 元,增值税进项税额 2 340 元;乙材料 500 千克,@18.00,计价款 9 000 元,增值税进项税额 1 170 元,共发生运杂费 1 035 元,款项以银行存款支付(运杂费按重量比例分配)。

2. 向丰华工厂购入的甲、乙材料到达并验收入库,按实际采购成本转账。

3. 向屹立工厂购入甲材料 800 千克,@45.00,计价款 36 000 元,增值税进项税额 4 680 元,丙材料 1 200 千克,@26.00,计价款 31 200 元,增值税进项税额 4 056 元,共发生运杂费 2 100 元,款项尚未支付(运杂费按重量比例分配)。

4. 向屹立工厂购入甲、丙材料到达并验收入库,按实际采购成本转账。

5. 以银行存款偿还屹立工厂账款。

6. 向杜鹃公司购入乙材料 1 800 千克,@18.00,计价款 32 400 元,增值税进项税额

4 212 元,丙材料 700 千克,@26.00,计价款 18 200 元,增值税进项税额 2 366 元,共发生运杂费 3 200 元,款项尚未支付(运杂费按重量比例分配)。

【要求】

1. 计算购入的各批各种材料的采购成本及单位成本。
2. 根据所列会计事项及采购成本的计算结果编制会计分录。
3. 根据会计分录登记"在途物资明细账"。

计算材料采购成本:

会计事项 1:

甲乙材料运杂费分配率 =

甲材料应负担运杂费 =

乙材料应负担运杂费 =

甲材料采购成本 =

乙材料采购成本 =

甲材料单位成本 =

乙材料单位成本 =

会计事项 3:

甲丙材料运杂费分配率 =

甲材料应负担运杂费 =

丙材料应负担运杂费 =

甲材料采购成本 =

丙材料采购成本 =

甲材料单位成本 =

丙材料单位成本 =

会计事项 6:

乙丙材料运杂费分配率 =

乙材料应负担运杂费 =

丙材料应负担运杂费 =

乙材料采购成本 =

丙材料采购成本 =

乙材料单位成本 =

丙材料单位成本 =

会计分录用纸（代记账凭证）

日期	凭证号数	摘　要	会计科目及子细目	过账	借方金额	贷方金额

在途物资明细分类账

材料名称：甲材料

年		凭证号数	摘　要	借　方			贷方	余额
月	日			买价	采购费用	合计		

材料名称:乙材料

年		凭证号数	摘　要	借　方			贷方	余额
月	日			买价	采购费用	合计		

材料名称:丙材料

年		凭证号数	摘　要	借　方			贷方	余额
月	日			买价	采购费用	合计		

习题 4-4

【目的】练习生产过程的核算。

【资料】天柱工厂 2 月份发生部分会计事项如下:

1. 仓库发出材料汇总表如下:

	甲材料	乙材料	丙材料	合　计
A 产品领用	30 000	18 200		48 200
B 产品领用	26 700	21 300		48 000
生产管理部门一般耗用		1 900	4 500	6 400
行政管理部门领用			3 800	3 800
合　计	56 700	41 400	8 300	106 400

2. 向银行提现 120 000 元,备发工资。

3. 以库存现金 120 000 元发放工资。

4. 分配本月工资 120 000 元,其中:

生产工人工资　　　　　　　　　　79 000 元

其中:A 产品生产工人工资　　　　32 000 元

B 产品生产工人工资　　　　47 000 元

| 生产管理人员工资 | 13 500 元 |
| 行政管理人员工资 | 27 500 元 |

【要求】根据所列会计事项编制会计分录。

会计分录用纸（代记账凭证）

日期	凭证号数	摘 要	会计科目及子细目	过账	借方金额	贷方金额

习题 4-5

【目的】练习生产过程的核算。

【资料】三清工厂 3 月份发生部分会计事项如下：

1. 采购员朱珠出差,预借差旅费 1 000 元,现金付讫。

2. 生产车间以库存现金购买办公用品 230 元。

3. 采购员朱珠出差回来,报销差旅费 760 元,退回余款 240 元。

4. 以银行存款支付本季度短期借款利息 7 900 元(1 月份、2 月份已预提 5 280 元)。

5. 以银行存款 2 000 元支付生产车间设备修理费。

6. 以库存现金 400 元支付管理部门办公用品费。

7. 以银行存款 24 000 元支付本月水电费及水电费增值税额 2 640 元,并分配水电费。

基础会计·习题集(第六版)

其中生产车间应负担 15 000 元,管理部门应负担 9 000 元。

8. 计提本月固定资产折旧 18 000 元,其中生产车间 12 000 元,管理部门 6 000 元。

9. 将本月发生的制造费用 58 600 元,转入生产成本。

10. 本月生产的 1 000 件甲产品全部完工入库,结转其生产成本 131 000 元。

【要求】根据所列会计事项编制会计分录。

会计分录用纸(代记账凭证)

日期	凭证号数	摘 要	会计科目及子细目	过账	借方金额	贷方金额

基础会计·习题集(第六版)

习题 4-6

【目的】练习生产过程的核算和产品生产成本的计算。

【资料】雁荡工厂 4 月份发生部分会计事项如下:

(一)月初"生产成本——甲产品"账户期初余额 20 400 元,其中直接材料 10 000 元,直接人工 6 200 元,制造费用 4 200 元。

(二)4 月份发生下列经济业务:

1. 1 日,采购员陈立出差,预借差旅费 800 元,用库存现金支付。

2. 3 日,生产甲产品领用 A 材料 3 250 元,生产乙产品领用 B 材料 5 230 元,管理部门领用 B 材料 630 元。

3. 4 日,以库存现金支付管理部门修理费 310 元。

4. 7 日,以库存现金购买办公用品 650 元,其中生产车间领用 280 元,管理部门领用 370 元。

5. 8 日,以银行存款支付本季度财产保险费 6 900 元。

6. 10 日,以银行存款发放职工工资 150 000 元,转入职工的工资卡。

7. 12 日,生产甲产品领用 A 材料 14 000 元,C 材料 1 300 元,生产车间领用 C 材料 2 800 元。

8. 14 日,采购员陈立出差回来,报销差旅费 1 030 元,差额补付现金。

9. 15 日,以银行存款支付本月水费 8 000 元及增值税进项税额 720 元。

10. 20 日,以银行存款支付生产车间修理费 2 300 元。

11. 25 日,以银行存款支付本月电费 30 000 元及增值税进项税额 3 900 元。

12. 27 日,以银行存款支付银行手续费 30 元。

13. 30 日,分配本月水电费,其中生产车间水费 3 600 元,电费 22 000 元;管理部门水费 4 400 元,电费 8 000 元。

14. 30 日,预提本月短期借款利息 1 200 元。

15. 30 日,分配本月应付职工工资 150 000 元,其中甲产品生产工人工资 60 000 元,乙产品生产工人工资 40 000 元,车间管理人员工资 18 000 元,行政管理人员工资 32 000 元。

16. 30 日,计提本月固定资产折旧 16 100 元,其中生产车间 9 600 元,管理部门 6 500 元。

17. 30 日,按甲、乙产品生产工人工资比例分配并结转本月制造费用(编制制造费用分配表)。

18. 30 日,本月生产的甲产品 800 件,全部完工入库,编制"产品生产成本计算表"据以结转完工产品成本;生产的乙产品 400 件全部未完工。

【要求】

(一)根据所列会计事项编制会计分录。

(二)根据会计分录登记"生产成本"总账和"制造费用"总账。

(三)根据会计分录登记"生产成本明细账",并与总账核对相符。

会计分录用纸（代记账凭证）

日期	凭证号数	摘　要	会计科目及子细目	过账	借方金额	贷方金额

会计分录用纸（代记账凭证）

日期	凭证号数	摘　要	会计科目及子细目	过账	借方金额	贷方金额

制造费用分配表

产品名称	分配标准(生产工人工资)	分配率	分配金额(元)
合　计			

总分类账户

生产成本

制造费用

生产成本明细账

账户名称：

年		凭证号数	摘 要	成本项目			合 计
月	日			直接材料	直接人工	制造费用	

生产成本明细账

账户名称：

年		凭证号数	摘　要	成本项目			合　计
月	日			直接材料	直接人工	制造费用	

产品生产成本计算表

产品名称：　　　　　　　　　　年　　月　　日　　　　　　　　完工产量：

成本项目	直接材料	直接人工	制造费用	合　计
月初在产品成本				
本月生产费用				
合　计				
完工产品成本				
单位成本				

习题 4-7

【目的】练习销售过程的核算。

【资料】佘山工厂 5 月份发生部分会计事项如下：

1. 3 日,销售给庆丰工厂甲产品 100 件,@200.00,增值税销项税额 2 600 元,款项已收,存入银行。

2. 8 日,以银行存款支付产品广告费 2 500 元。

3. 11 日,销售给山水公司乙产品 200 件,@180.00,增值税销项税额 4 680 元,款项尚未收到。

4. 16 日,以银行存款支付产品销售发生的运输费 3 000 元。

5. 25 日,销售给斑竹工厂甲产品 300 件,@200.00,增值税销项税额 7 800 元,乙产品 100 件,@180.00,增值税销项税额 2 340 元,款项已收存银行存款户。

6. 28 日,收到山水公司前欠的乙产品款项 40 680 元,存入银行。

7. 30 日,按规定税率 5% 计算本月已售甲产品的应交消费税。

8. 30 日,结转本月销售甲产品 400 件的生产成本 60 000 元,乙产品 300 件的生产成本 36 000 元。

【要求】根据所列会计事项编制会计分录。

会计分录用纸（代记账凭证）

日期	凭证号数	摘　要	会计科目及子细目	过账	借方金额	贷方金额

习题 4-8

【目的】练习利润形成和利润分配业务的核算。

【资料】武夷公司 12 月份发生部分会计事项如下：

1. 8 日，收到投资收益 750 元，存入银行存款户。

2. 17 日，经批准将无法支付的前欠紫薇工厂的购料款 12 000 元转为营业外收入。

3. 22 日，以银行存款向灾区捐款 20 000 元。

4. 27 日，以银行存款支付因违反有关税收规定而支付的税收罚款 5 000 元。

5. 31 日，结转损益类收入账户的余额，其中：主营业务收入 250 000 元，投资收益 30 000元，营业外收入 12 000 元。

6. 31 日，结转损益类有关费用账户的余额，其中，主营业务成本 150 000 元，税金及附加8 500 元，销售费用 16 000 元，管理费用 24 000 元，财务费用 8 000 元，营业外支出 25 000 元。

7. 31 日，按本月实现利润总额的 25% 计算并结转应交所得税。

8. 31 日，按全年净利润 600 000 的 10% 提取盈余公积。

9. 31 日，经研究决定向投资者分配利润 400 000 元。

10. 31 日,以银行存款支付投资者的利润 400 000 元。

11. 31 日,将"本年利润"账户余额 600 000 元结转"利润分配——未分配利润"账户。

12. 31 日,将"利润分配——提取法定盈余公积""利润分配——应付股利"账户余额结转"利润分配——未分配利润"账户。

【要求】

1. 列出算式,计算本月实现的利润总额、应交所得税、净利润。

2. 根据所列会计事项编制会计分录。

会计分录用纸(代记账凭证)

日期	凭证号数	摘　要	会计科目及子细目	过账	借方金额	贷方金额

会计分录用纸（代记账凭证）

日期	凭证号数	摘　要	会计科目及子细目	过账	借方金额	贷方金额

习题 4-9

【目的】练习工业企业主要会计事项的核算。

【资料】香山公司 12 月份发生会计事项如下:

1. 1 日,接受国家投资设备一台 60 000 元,增值税 7 800 元,投入使用;货币资金 200 000 元,存入银行。

2. 3 日,向银行借入两年期贷款 100 000 元,转入存款户。

3. 4 日,向琉璃工厂购进甲材料 3 000 千克,@ 15.00,计 45 000 元,增值税额 5 850 元,乙材料 1 500 千克,@ 22.00,计 33 000 元,增值税额 4 290 元,款项尚未支付。

4. 5 日,以银行存款支付上项购入材料的运输费 4 800 元,以库存现金支付装卸费 870 元(按重量比例分配,列出算式)。

5. 6 日,上述甲、乙材料验收入库,结转实际采购成本。

6. 7 日,以银行存款支付本月 4 日所欠琉璃工厂款项。

7. 8 日,仓库发出材料汇总资料如下:

用 途	甲材料	乙材料	丙材料	合 计
A 产品领用	23 000	18 600		41 600
B 产品领用	21 200	21 300		42 500
生产管理部门一般耗用		1 400	3 200	4 600
行政管理部门领用			4 100	4 100
合 计	44 200	41 300	7 300	92 800

8. 9 日,以银行存款转账发放工资 202 200 元。

9. 10 日,销售给紫荆公司 A 产品 3 200 件,@180.00,计 576 000 元,增值税额 74 880 元,款项尚未收到。

10. 10 日,以银行存款支付未交所得税 2 300 元。

11. 11 日,厂部采购员小土预支差旅费 800 元,以现金付讫。

12. 14 日,以银行存款支付办公费 3 600 元,其中,生产车间负担 300 元,行政管理部门负担 3 300 元。

13. 15 日,收到绿茵公司付来前欠账款 62 500 元,存入银行。

14. 17 日,采购员小土出差回来,报销差旅费 750 元,退回多余现金 50 元,结清其预支款。

15. 18 日,销售给冬雪公司 B 产品 500 件,@85.00,计 42 500 元,增值税额 5 525 元,款项收到存入银行。

16. 19 日,以银行存款支付产品广告费 2 300 元。

17. 20 日,以银行存款归还短期借款 50 000 元。

18. 21 日,购买设备一套,买价 76 000 元,增值税额 9 880 元,运杂费 2 180 元一并以银行存款支付。

19. 22 日,开出转账支票 5 000 元捐赠希望工程。

20. 25 日,以银行存款支付本月电费 8 200 元及增值税进项税额 1 066 元。

21. 26 日,以银行存款支付银行结算手续费 185 元。

22. 27 日,收到银行转来罚款收入 3 000 元。

23. 29 日,以银行存款支付购入非专利技术 50 000 元。

24. 30 日,以银行存款支付本季度银行借款利息 9 000 元(已预提 6 000 元)。

25. 31 日,分配本月份职工工资,其中,A 产品工人工资 58 000 元;B 产品工人工资 62 000 元;车间管理人员工资 24 000 元;行政管理部门人员工资 58 200 元。

26. 31 日,计提本月份固定资产折旧费 19 490 元,其中,生产车间 9 150 元,行政管理部门 10 340 元。

27. 31 日,分配本月电费 8 200 元,其中 A 产品负担 2 300 元、B 产品负担 2 800 元、生产车间负担 1 100 元、行政管理部门负担 2 000 元。

28. 31 日,按生产工时比例分配制造费用,其中:A 产品耗用 4 000 工时,B 耗用 6 000 工时(登记"制造费用"丁字账户,列出制造费用分配算式)。

29. 31 日,本月份生产的 A 产品已全部完工,验收入库,结转其生产成本(登记"生产成本——A 产品""生产成本——A 产品"期初余额见明细账)。

30. 31 日,结转本月已销产品成本,其中 A 产品单位成本 120 元;B 产品单位成本 50 元。

31. 31 日,按 B 产品销售收入的 5% 计提应交消费税。

32. 31 日,将损益类账户结转"本年利润"账户。

33. 31 日,按本月利润总额的 25% 计提所得税,并将其结转本年利润账户(列出算式)。

34. 31 日,按本年净利润 780 000 元的 10% 提取法定盈余公积。

35. 31 日,按本年净利润 780 000 元的 60% 计提应分配给投资者的利润。

【要求】

1. 根据所列会计事项编制会计分录。
2. 登记"制造费用"丁字式总账和"生产成本——A 产品"多栏式明细账。

会计分录用纸（代记账凭证）

日期	凭证号数	摘　要	会计科目及子细目	过账	借方金额	贷方金额

会计分录用纸（代记账凭证）

日期	凭证号数	摘　要	会计科目及子细目	过账	借方金额	贷方金额

基础会计·习题集（第六版）

会计分录用纸(代记账凭证)

日期	凭证号数	摘　要	会计科目及子细目	过账	借方金额	贷方金额

会计分录用纸（代记账凭证）

日期	凭证号数	摘　要	会计科目及子细目	过账	借方金额	贷方金额

制造费用(总账)

生产成本明细账

账户名称：A 产品

| 年 | | 凭证号数 | 摘　要 | 成本项目 | | | 合　计 |
月	日			直接材料	直接人工	制造费用	
12	1		期初余额	32 000	1 200	860	34 060

第 五 章　会 计 凭 证

一、填空题

1. 会计凭证是指_____,
包括纸质会计凭证和电子会计凭证。

2. 会计凭证按其填制程序和用途不同,可分为_____和_____两大类。

3. 原始凭证是指_____
_____。

4. 记账凭证是指_____
_____。

5. 请用汉字大写写出金额:2 171 032.60 元

人民币(大写)_____

6. 请用汉字大写写出出票日期:2023.8.19.

出票日期(大写)_____

7. 记账凭证按填制的方法可分为_____和_____。

8. 专用记账凭证可分为_____、_____和_____。

9. 会计凭证的传递是指_____
_____。

10. 合理组织会计凭证的传递包括_____、_____和_____三方面。

二、单项选择题

(　　) 1. 下列属于累计凭证的选项是_____。
    A．制造费用分配表　　　　　　　B．领料单
    C．限额领料单　　　　　　　　　D．入库单

(　　) 2. 下列属于汇总原始凭证的选项是_____。
    A．销货发票　　　　　　　　　　B．发出材料汇总表
    C．限额领料单　　　　　　　　　D．工资费用分配表

(　　) 3. 下列不能作为原始凭证的选项是_____。
    A．购销合同　　　　　　　　　　B．发货票
    C．工资结算汇总表　　　　　　　D．领料单

(　　) 4. 经济业务发生时直接取得或填制的凭证是_____。
    A．收、付款凭证　　B．记账凭证　　C．原始凭证　　D．合同和协议

(　　) 5. 下列属于外来原始凭证的选项是_____。
    A．完工产品入库单　　　　　　　B．工资结算表
    C．差旅费报销单　　　　　　　　D．付款取得的收据

基础会计·习题集(第六版)

（　　）6. 下列符合原始凭证填写要求的选项是_____。

    A．人民币叁万贰佰十玖元陆角整　　　　B．人民币叁万零贰佰壹拾玖元陆角整

    C．人民币叁万贰佰壹十玖元陆角整　　　　D．人民币叁万零贰佰十玖元陆角整

（　　）7. 借记"生产成本"，贷记"原材料"的会计分录应填制_____。

    A．记账凭证汇总表　　　　　　　　　　B．付款凭证

    C．转账凭证　　　　　　　　　　　　　D．收款凭证

（　　）8. 采购员报销差旅费1 150元，出纳员又补付其现金150元以结清其暂借款时，应编制_____。

    A．一张收款凭证和一张转账凭证　　　　B．两张付款凭证

    C．一张付款凭证和一张转账凭证　　　　D．一张收款凭证和一张付款凭证

（　　）9. 记账凭证与所附原始凭证的金额_____。

    A．必须相等　　　B．可以相等　　　C．可以不相等　　　D．肯定不相等

（　　）10. 对于现金和银行存款之间的相互划转业务，为了避免重复记账，一般只编制_____。

    A．收款凭证　　　B．付款凭证　　　C．转账凭证　　　D．结算凭证

三、多项选择题

（　　）1. 自制原始凭证按其填制手续不同，可分为_____。

    A．一次凭证　　　　　　B．复式凭证　　　　　　C．单式凭证

    D．汇总原始凭证　　　　E．累计凭证

（　　）2. 下列属于一次凭证的选项有_____。

    A．收料单　　　　　　　B．限额领料单　　　　　C．工资费用分配表

    D．销售发票　　　　　　E．完工产品入库单

（　　）3. 原始凭证的审核主要包括_____。

    A．合法性　　　　　　　B．完整性　　　　　　　C．正确性

    D．及时性　　　　　　　E．合理性

（　　）4. 下列属于外来原始凭证的选项有_____。

    A．付款收据　　　　　　B．购货发票　　　　　　C．出差人员提供的车票

    D．差旅费报销单　　　　E．销货发票

（　　）5. 领料单同时属于_____。

    A．一次凭证　　　　　　B．累计凭证　　　　　　C．记账凭证

    D．原始凭证　　　　　　E．汇总原始凭证

（　　）6. 会计凭证传递包括_____。

    A．传递时间　　　　　　B．传递程序　　　　　　C．传递手续

    D．归档保管　　　　　　E．传递速度

（　　）7. 会计凭证一般的保管方法和要求包括_____。

    A．填制凭证　　　　　　B．归档保管　　　　　　C．借阅

    D．销毁　　　　　　　　E．专人负责

（　　）8. 装订成册的会计凭证的封面上_____应予签章。

      A．装订人员　　　　　　B．制证人员　　　　　　C．会计主管

      D．保管人员　　　　　　E．出纳人员

四、判断改错题

（　　）1. 外来原始凭证是由外单位填制的,而自制原始凭证则是由本单位财会人员填制的。

      改错：_____

（　　）2. 发票和收据均属于外来原始凭证。

      改错：_____

（　　）3. 记账凭证按其填制的方式不同可分为专用记账凭证和通用记账凭证两种。

      改错：_____

（　　）4. 采用专用记账凭证,当发生现金和银行存款之间相互划转的经济业务时,为了避免重复记账,通常只编制付款凭证,不编制收款凭证。

      改错：_____

（　　）5. 单式记账凭证一笔经济业务涉及几个会计科目就要填制几张记账凭证,因此其编号采用分数的形式表示。

      改错：_____

（　　）6. 由于记账凭证是根据原始凭证编制的,因此所有的记账凭证都必须附有原始凭证。

      改错：_____

（　　）7. 凡不涉及现金收付的经济业务均应使用转账凭证。

      改错：_____

（　　）8. 会计凭证的传递时间是指各种凭证在各经办部门、环节停留的最短时间。

      改错：_____

（　　）9. 其他单位如因特殊原因需要使用原始凭证时,经本单位会计机构负责人批准可以外借或复制。

      改错：_____

（　　）10. 需装订的会计凭证主要有原始凭证、原始凭证汇总表、记账凭证、记账凭证汇总表。

      改错：_____

五、简答题

  1. 什么是会计凭证? 会计凭证的作用是什么?

2. 什么是原始凭证？原始凭证如何分类？

3. 什么是记账凭证？记账凭证如何分类？

4. 什么是单式记账凭证？什么是复式记账凭证？试述它们的主要区别和优缺点。

5. 试述原始凭证填制和审核的要求。

6. 试述记账凭证填制的方法和要求。

7. 试述记账凭证审核的要求。

8. 会计凭证应如何装订和保管？

六、核算题

习题 5-1

【目的】练习部分原始凭证的填制。

【资料】

1. 槐树公司资料:地址:和平路 666 号;开户银行及账号:工商银行 12345678;纳税人登记号:24681012。

弗药工厂资料:地址:幸福路 888 号;开户银行及账号:农业银行 13579135;纳税人登记号:66880101。

2. 槐树公司 20××年 4 月 20 日发生下列会计事项:

(1) 销售给弗药工厂 A 商品 50 箱,@340.00,计 17 000 元,适用增值税率 13%,增值税销项税额 2 210 元,款项以转账支票收讫,票据号 12354060。开出增值税专用发票。

(2) 填制进账单,连同收到的转账支票解存银行。

(3) 销售给玉兰商店 B 商品 50 千克,@32.70(含税),计 1 635 元,以转支收讫,开出普通发票。

(4) 开出转账支票,支付向海棠公司购入材料款 77 000 元及增值税进项税额 10 010 元,票据号 5610。

(5) 上项甲材料验收入库,计 2 200 千克,@35.00,金额 77 000 元,填制"收料单"。

【要求】填制有关原始凭证。

增值税专用发票

No.

开票日期:　　年　　月　　日

购货单位	名　　　　称:					密码区	略	
	纳税人识别号:							
	地　址、电话:							
	开户行及账号:							
货物及应税劳务名称	规格型号	单位	数量	单价	金　额	税率	税额
合　　　计							
价税合计(大写)				(小写)			
销货单位	名　　　　称:					备注		
	纳税人识别号:							
	地　址、电话:							
	开户行及账号:							

收款人:　　　　　复核:　　　　　开票人:　　　　　销货单位(盖章):

<h2 align="center">××银行进账单（收账通知）</h2>

出票人	全　称		收款人	全　称											
	账　号			账　号											
	开户银行			开户银行											
金额	人民币（大写）				亿	千	百	十	万	千	百	十	元	角	分

票据种类		票据张数	
票据号码			

收款人开户银行签章

复核　　　　记账

<h2 align="center">发　票</h2>

购货单位：　　　　　　　　　　年　月　日　　　　　　　　　　编号：2091

品名及规格	计量单位	数量	单价	金　额								
				千	百	十	万	千	百	十	元	角	分

人民币（大写）

<h2 align="center">中国工商银行上海市分行支票　　　支票号码：</h2>

出票日期（大写）　　　　　年　月　日　　　　付款行名称：

收款人：　　　　　　　　　　　　　　　　出票人账号：

人民币（大写）		千	百	十	万	千	百	十	元	角	分

用途＿＿＿＿＿
上列款项请从
我账户内支付　　　　　　　　　　　　复核　　　　　　　记账
出票人签章

<h2 align="center">收　料　单</h2>

供货单位：　　　　　　　　　　　　　　　　编号：
支票号码：　　　　　　　　年　月　日　　　　收料仓库：

材料编号	材料类别	材料规格及名称	计量单位	数量		单价	金额
				应收	实收		
		合　计					

习题 5-2

【目的】练习编制收、付款凭证。

【资料】柳树工厂 4 月份发生下列会计事项:

1. 4 月 2 日将超出规定限额的库存现金 1 800 元解存银行。

2. 4 月 5 日开出转账支票,缴纳上月未交增值税 3 800 元。

3. 4 月 8 日以银行存款偿还前欠月季工厂货款 67 800 元。

4. 4 月 11 日生产管理人员王霞暂借差旅费 2 000 元,当即付给现金。

5. 4 月 14 日以库存现金购买行政管理部门办公用品 200 元(已领用)。

6. 4 月 20 日向银行借入半年期借款 50 000 元,存入银行。

7. 4 月 22 日行政管理人员徐华报销差旅费 840 元,退回余额现金 160 元,结清前暂借款。

8. 4 月 26 日收到紫薇工厂前欠货款 22 600 元,存入银行。

9. 4 月 28 日开出现金支票,从银行提取现金 1 500 元。

10. 4 月 29 日以库存现金报销职工医药费 1 680 元。

【要求】编制收、付款凭证(同时涉及库存现金和银行存款的业务,编制一张付款凭证)。

收 款 凭 证

借方科目:　　　　　　　　　　　年　月　日　　　　　　　字第　号

摘　要	应 贷 科 目		∨	金　额									
	一级科目	明细科目		千	百	十	万	千	百	十	元	角	分
合　　计													

财务主管　　　　记账　　　　出纳　　　　复核　　　　制单

附件　张

收 款 凭 证

借方科目:　　　　　　　　　　　年　月　日　　　　　　　字第　号

摘　要	应 贷 科 目		∨	金　额									
	一级科目	明细科目		千	百	十	万	千	百	十	元	角	分
合　　计													

财务主管　　　　记账　　　　出纳　　　　复核　　　　制单

附件　张

收 款 凭 证

借方科目：　　　　　　　　　　　年　　月　　日　　　　　　字第　　号

摘　要	应贷科目		√	金　额									
	一级科目	明细科目		千	百	十	万	千	百	十	元	角	分
合　　计													

财务主管　　　　记账　　　　出纳　　　　复核　　　　制单

附件　　张

付 款 凭 证

贷方科目：　　　　　　　　　　　年　　月　　日　　　　　　字第　　号

摘　要	应借科目		√	金　额									
	一级科目	明细科目		千	百	十	万	千	百	十	元	角	分
合　　计													

财务主管　　　　记账　　　　出纳　　　　复核　　　　制单

附件　　张

付 款 凭 证

贷方科目：　　　　　　　　　　　年　　月　　日　　　　　　字第　　号

摘　要	应借科目		√	金　额									
	一级科目	明细科目		千	百	十	万	千	百	十	元	角	分
合　　计													

财务主管　　　　记账　　　　出纳　　　　复核　　　　制单

附件　　张

付 款 凭 证

贷方科目：　　　　　　　　　　　年　　月　　日　　　　　　字第　　号

摘　要	应借科目		√	金　额									
	一级科目	明细科目		千	百	十	万	千	百	十	元	角	分
合　　计													

财务主管　　　　记账　　　　出纳　　　　复核　　　　制单

附件　　张

基础会计·习题集（第六版）

付 款 凭 证

贷方科目：　　　　　　　　　年　月　日　　　　　字第　号

摘　要	应借科目		√	金　额									
	一级科目	明细科目		千	百	十	万	千	百	十	元	角	分
合　计													

财务主管　　　　记账　　　　出纳　　　　　复核　　　　制单

附件　　张

付 款 凭 证

贷方科目：　　　　　　　　　年　月　日　　　　　字第　号

摘　要	应借科目		√	金　额									
	一级科目	明细科目		千	百	十	万	千	百	十	元	角	分
合　计													

财务主管　　　　记账　　　　出纳　　　　　复核　　　　制单

附件　　张

付 款 凭 证

贷方科目：　　　　　　　　　年　月　日　　　　　字第　号

摘　要	应借科目		√	金　额									
	一级科目	明细科目		千	百	十	万	千	百	十	元	角	分
合　计													

财务主管　　　　记账　　　　出纳　　　　　复核　　　　制单

附件　　张

付 款 凭 证

贷方科目：　　　　　　　　　年　月　日　　　　　字第　号

摘　要	应借科目		√	金　额									
	一级科目	明细科目		千	百	十	万	千	百	十	元	角	分
合　计													

财务主管　　　　记账　　　　出纳　　　　　复核　　　　制单

附件　　张

习题 5-3

【目的】练习编制转账凭证。

【资料】柳树工厂 4 月份发生下列会计事项:

1. 4 月 1 日向凌霄公司购进乙材料 1 000 千克,@10.00,增值税进项税计 1 300 元,款项未付。

2. 4 月 7 日国家投入新机器一台,价值为 58 000 元,增值税 7 549 元,已验收使用。

3. 4 月 9 日生产 A 产品领用甲材料 500 箱,@240.00。

4. 4 月 15 日销售给美蕉工厂 A 产品 150 件,@240.00,计 36 000 元,增值税销项税计 4 680 元,款未收。

5. 4 月 21 日向凌霄公司购进乙材料到达,验收入库。

6. 4 月 27 日厂部采购员报销差旅费 1 200 元,结清暂借款。

7. 4 月 30 日预提应由本月负担的借款利息 4 200 元。

8. 4 月 30 日计提折旧 15 800 元,其中生产车间 10 800 元,管理部门 5 000 元。

9. 4 月 30 日结转本月完工 A 产品成本 131 000 元。

【要求】根据所列会计事项编制转账凭证。

转 账 凭 证

年　　月　　日　　　　字第　　号

摘要:

借 方 科 目			贷 方 科 目			金　　额									
一级科目	明细科目	√	一级科目	明细科目	√	千	百	十	万	千	百	十	元	角	分
合　　计															

财务主管　　　　　　记账　　　　　　复核　　　　　　制单

附件　张

转 账 凭 证

年　　　　月　　　　日　　　　字第　　号

摘要:

借 方 科 目			贷 方 科 目			金　　额									
一级科目	明细科目	√	一级科目	明细科目	√	千	百	十	万	千	百	十	元	角	分
合　　计															

财务主管　　　　　　记账　　　　　　复核　　　　　　制单

附件　张

转 账 凭 证

年　　月　　日　　　　　　字第　　号

摘要：

借方科目		√	贷方科目		√	金　额									
一级科目	明细科目		一级科目	明细科目		千	百	十	万	千	百	十	元	角	分
合　计															

财务主管　　　　　　记账　　　　　　复核　　　　　　制单

附件　　张

转 账 凭 证

年　　月　　日　　　　　　字第　　号

摘要：

借方科目		√	贷方科目		√	金　额									
一级科目	明细科目		一级科目	明细科目		千	百	十	万	千	百	十	元	角	分
合　计															

财务主管　　　　　　记账　　　　　　复核　　　　　　制单

附件　　张

转 账 凭 证

年　　月　　日　　　　　　字第　　号

摘要：

借方科目		√	贷方科目		√	金　额									
一级科目	明细科目		一级科目	明细科目		千	百	十	万	千	百	十	元	角	分
合　计															

财务主管　　　　　　记账　　　　　　复核　　　　　　制单

附件　　张

转 账 凭 证

年　　月　　日　　　　字第　　号

摘要：

借方科目			贷方科目			金　额									
一级科目	明细科目	√	一级科目	明细科目	√	千	百	十	万	千	百	十	元	角	分
合　　计															

财务主管　　　　　　记账　　　　　　复核　　　　　　制单

附件　张

转 账 凭 证

年　　月　　日　　　　字第　　号

摘要：

借方科目			贷方科目			金　额									
一级科目	明细科目	√	一级科目	明细科目	√	千	百	十	万	千	百	十	元	角	分
合　　计															

财务主管　　　　　　记账　　　　　　复核　　　　　　制单

附件　张

转 账 凭 证

年　　月　　日　　　　字第　　号

摘要：

借方科目			贷方科目			金　额									
一级科目	明细科目	√	一级科目	明细科目	√	千	百	十	万	千	百	十	元	角	分
合　　计															

财务主管　　　　　　记账　　　　　　复核　　　　　　制单

附件　张

基础会计·习题集（第六版）

转 账 凭 证

年　　月　　日　　　　　　字第　　号

摘要：

借方科目			贷方科目			金　额									
一级科目	明细科目	√	一级科目	明细科目	√	千	百	十	万	千	百	十	元	角	分
合　　计															

财务主管　　　　　　记账　　　　　　　　复核　　　　　　　制单

附件　张

习题 5-4

【目的】练习编制通用记账凭证。

【资料】见习题 5-2、习题 5-3。

【要求】按时间顺序编制通用记账凭证。

记 账 凭 证

年　　月　　日　　　　　　编号

摘　要	会计科目		√	借方金额										贷方金额									
	一级科目	明细科目		千	百	十	万	千	百	十	元	角	分	千	百	十	万	千	百	十	元	角	分
合　　计																							

财务主管　　　　　　记账　　　　　　出纳　　　　　　复核　　　　　　制单

附件　张

记 账 凭 证

年　　月　　日　　　　　　编号

摘　要	会计科目		√	借方金额										贷方金额									
	一级科目	明细科目		千	百	十	万	千	百	十	元	角	分	千	百	十	万	千	百	十	元	角	分
合　　计																							

财务主管　　　　　　记账　　　　　　出纳　　　　　　复核　　　　　　制单

附件　张

记 账 凭 证

年　　月　　日　　　　　　　编号

摘 要	会计科目		√	借方金额										贷方金额									
	一级科目	明细科目		千	百	十	万	千	百	十	元	角	分	千	百	十	万	千	百	十	元	角	分
合　计																							

财务主管　　　　　记账　　　　　　出纳　　　　　　复核　　　　　制单

附件　张

记 账 凭 证

年　　月　　日　　　　　　　编号

摘 要	会计科目		√	借方金额										贷方金额									
	一级科目	明细科目		千	百	十	万	千	百	十	元	角	分	千	百	十	万	千	百	十	元	角	分
合　计																							

财务主管　　　　　记账　　　　　　出纳　　　　　　复核　　　　　制单

附件　张

记 账 凭 证

年　　月　　日　　　　　　　编号

摘 要	会计科目		√	借方金额										贷方金额									
	一级科目	明细科目		千	百	十	万	千	百	十	元	角	分	千	百	十	万	千	百	十	元	角	分
合　计																							

财务主管　　　　　记账　　　　　　出纳　　　　　　复核　　　　　制单

附件　张

记 账 凭 证

年　　月　　日　　　　　　　编号

摘 要	会计科目		√	借方金额										贷方金额									
	一级科目	明细科目		千	百	十	万	千	百	十	元	角	分	千	百	十	万	千	百	十	元	角	分
合　计																							

财务主管　　　　　记账　　　　　　出纳　　　　　　复核　　　　　制单

附件　张

记 账 凭 证

年　　月　　日　　　　　编号

摘要	会计科目		√	借方金额										贷方金额									
	一级科目	明细科目		千	百	十	万	千	百	十	元	角	分	千	百	十	万	千	百	十	元	角	分
合　　计																							

财务主管　　　　　记账　　　　　出纳　　　　　复核　　　　　制单

附件　　张

记 账 凭 证

年　　月　　日　　　　　编号

摘要	会计科目		√	借方金额										贷方金额									
	一级科目	明细科目		千	百	十	万	千	百	十	元	角	分	千	百	十	万	千	百	十	元	角	分
合　　计																							

财务主管　　　　　记账　　　　　出纳　　　　　复核　　　　　制单

附件　　张

记 账 凭 证

年　　月　　日　　　　　编号

摘要	会计科目		√	借方金额										贷方金额									
	一级科目	明细科目		千	百	十	万	千	百	十	元	角	分	千	百	十	万	千	百	十	元	角	分
合　　计																							

财务主管　　　　　记账　　　　　出纳　　　　　复核　　　　　制单

附件　　张

记 账 凭 证

年　　月　　日　　　　　编号

摘要	会计科目		√	借方金额										贷方金额									
	一级科目	明细科目		千	百	十	万	千	百	十	元	角	分	千	百	十	万	千	百	十	元	角	分
合　　计																							

财务主管　　　　　记账　　　　　出纳　　　　　复核　　　　　制单

附件　　张

基础会计·习题集（第六版）

记 账 凭 证

年　　月　　日　　　　　　　　编号

摘 要	会计科目		√	借方金额									贷方金额									
	一级科目	明细科目		千	百	十	万	千	百	十	元	角	分	千	百	十	万	千	百	十	元	角	分
合　　计																							

附件　　张

财务主管　　　　记账　　　　　　出纳　　　　　　复核　　　　　　制单

记 账 凭 证

年　　月　　日　　　　　　　　编号

摘 要	会计科目		√	借方金额									贷方金额									
	一级科目	明细科目		千	百	十	万	千	百	十	元	角	分	千	百	十	万	千	百	十	元	角	分
合　　计																							

附件　　张

财务主管　　　　记账　　　　　　出纳　　　　　　复核　　　　　　制单

记 账 凭 证

年　　月　　日　　　　　　　　编号

摘 要	会计科目		√	借方金额									贷方金额									
	一级科目	明细科目		千	百	十	万	千	百	十	元	角	分	千	百	十	万	千	百	十	元	角	分
合　　计																							

附件　　张

财务主管　　　　记账　　　　　　出纳　　　　　　复核　　　　　　制单

记 账 凭 证

年　　月　　日　　　　　　　　编号

摘 要	会计科目		√	借方金额									贷方金额									
	一级科目	明细科目		千	百	十	万	千	百	十	元	角	分	千	百	十	万	千	百	十	元	角	分
合　　计																							

附件　　张

财务主管　　　　记账　　　　　　出纳　　　　　　复核　　　　　　制单

记账凭证

年　　月　　日　　　　编号

摘要	会计科目		√	借方金额										贷方金额									
	一级科目	明细科目		千	百	十	万	千	百	十	元	角	分	千	百	十	万	千	百	十	元	角	分
合　计																							

附件　　张

财务主管　　　　记账　　　　　出纳　　　　　复核　　　　　制单

记账凭证

年　　月　　日　　　　编号

摘要	会计科目		√	借方金额										贷方金额									
	一级科目	明细科目		千	百	十	万	千	百	十	元	角	分	千	百	十	万	千	百	十	元	角	分
合　计																							

附件　　张

财务主管　　　　记账　　　　　出纳　　　　　复核　　　　　制单

记账凭证

年　　月　　日　　　　编号

摘要	会计科目		√	借方金额										贷方金额									
	一级科目	明细科目		千	百	十	万	千	百	十	元	角	分	千	百	十	万	千	百	十	元	角	分
合　计																							

附件　　张

财务主管　　　　记账　　　　　出纳　　　　　复核　　　　　制单

记账凭证

年　　月　　日　　　　编号

摘要	会计科目		√	借方金额										贷方金额									
	一级科目	明细科目		千	百	十	万	千	百	十	元	角	分	千	百	十	万	千	百	十	元	角	分
合　计																							

附件　　张

财务主管　　　　记账　　　　　出纳　　　　　复核　　　　　制单

记 账 凭 证

年　　　月　　　日　　　　　　　编号

摘　要	会计科目		√	借方金额										贷方金额									
	一级科目	明细科目		千	百	十	万	千	百	十	元	角	分	千	百	十	万	千	百	十	元	角	分
合　　计																							

财务主管　　　　　　记账　　　　　　出纳　　　　　　复核　　　　　　制单

附件　　张

记 账 凭 证

年　　　月　　　日　　　　　　　编号

摘　要	会计科目		√	借方金额										贷方金额									
	一级科目	明细科目		千	百	十	万	千	百	十	元	角	分	千	百	十	万	千	百	十	元	角	分
合　　计																							

财务主管　　　　　　记账　　　　　　出纳　　　　　　复核　　　　　　制单

附件　　张

记 账 凭 证

年　　　月　　　日　　　　　　　编号

摘　要	会计科目		√	借方金额										贷方金额									
	一级科目	明细科目		千	百	十	万	千	百	十	元	角	分	千	百	十	万	千	百	十	元	角	分
合　　计																							

财务主管　　　　　　记账　　　　　　出纳　　　　　　复核　　　　　　制单

附件　　张

记 账 凭 证

年　　　月　　　日　　　　　　　编号

摘　要	会计科目		√	借方金额										贷方金额									
	一级科目	明细科目		千	百	十	万	千	百	十	元	角	分	千	百	十	万	千	百	十	元	角	分
合　　计																							

财务主管　　　　　　记账　　　　　　出纳　　　　　　复核　　　　　　制单

附件　　张

记 账 凭 证

年　　　月　　　日　　　　　　　　编号

摘要	会计科目		√	借方金额										贷方金额									
	一级科目	明细科目		千	百	十	万	千	百	十	元	角	分	千	百	十	万	千	百	十	元	角	分
合　　计																							

财务主管　　　　　　记账　　　　　　出纳　　　　　　复核　　　　　　制单

附件　　张

记 账 凭 证

年　　　月　　　日　　　　　　　　编号

摘要	会计科目		√	借方金额										贷方金额									
	一级科目	明细科目		千	百	十	万	千	百	十	元	角	分	千	百	十	万	千	百	十	元	角	分
合　　计																							

财务主管　　　　　　记账　　　　　　出纳　　　　　　复核　　　　　　制单

附件　　张

第六章 登记账簿

一、填空题

1. 会计账簿是_____

_____。

2. 会计账簿按用途分类,可分为_____、_____和_____。

3. 序时账又称_____,按登记方法可分为_____和_____。

4. 分类账簿是_____

_____,可分为_____和_____。

5. 会计账簿按外表形式分类,可分为_____、_____和_____。

6. 会计账簿按格式分类,可分为_____、_____、_____和_____。

7. 账簿的设置包括_____

_____。

8. 银行存款日记账是用来_____的

账簿。

9. 备查簿是_____

_____。

10. 更正错账严禁_____。

11. 更正错账的方法主要有_____、_____和_____。

12. 红字冲账法又可分为_____和_____。

13. 对账的内容主要包括_____、_____和_____。

14. 结账是_____。

二、单项选择题

( ) 1. 用来登记各单位的全部经济业务,提供所有会计要素总括核算资料的账簿是
_____。
    A.明细分类账簿　B.备查账簿　　　C.日记账簿　　　D.总分类账簿

( ) 2. 具有能避免账页散失,防止账页被抽换,比较严密安全的账簿是_____。
    A.卡片式账簿　　B.三栏式账簿　　C.订本式账簿　　D.活页式账簿

( ) 3. 原材料明细分类账一般采用_____账簿。
    A.三栏式　　　　B.数量金额式　　C.多栏式　　　　D.平行式

( ) 4. 总分类账账页的格式有_____。
    A.数量金额式　　B.平行式　　　　C.三栏式　　　　D.多栏式

( ) 5. "应收账款""应付账款"明细账格式一般采用_____。
    A.数量金额式　　B.平行式　　　　C.三栏式　　　　D.多栏式

（　　）6. 按照经济业务发生的时间先后逐日逐笔登记的账簿是_____。

    A．明细分类账簿 　　　　　　　　　　B．总分类账簿

    C．序时账簿 　　　　　　　　　　　　D．备查账簿

（　　）7. 记账以后发现记账凭证中应借、应贷的会计科目正确，但所记金额大于应记金额，应采用_____更正。

    A．划线更正法 　　　　　　　　　　　B．红字更正法（全额更正）

    C．红字更正法（差额更正） 　　　　　D．补充登记法

（　　）8. 按规定，年末结账时应在账页最后_____，表示封账。

    A．不需画线 　　B．画单红线 　　C．画双红线 　　D．画三红线

（　　）9. 编制记账凭证时，将 380 元误记为 830 元，并已登记入账，最便捷的更正方法是_____。

    A．划线更正法 　　B．差额冲账法 　　C．全额冲账法 　　D．补充登记法

（　　）10. 如发现使用的会计科目及记账方向正确，但所记金额小于应记金额，并已登记入账时，可采用的最便捷的更正方法是_____。

    A．划线更正法 　　B．差额冲账法 　　C．全额冲账法 　　D．补充登记法

三、多项选择题

（　　）1. 必须采用订本式账簿的有_____。

    A．总账 　　　　　　　B．库存现金日记账 　　　　C．银行存款日记账

    D．明细账 　　　　　　E．备查账

（　　）2. 账页的基本内容包括_____。

    A．摘要栏 　　　　　　B．账户名称 　　　　　　　C．凭证种类及号数栏

    D．登账日期栏 　　　　E．借、贷方金额栏及余额的方向、金额栏

（　　）3. 银行存款日记账的记账依据有_____。

    A．银行存款收款凭证 　　B．银行存款付款凭证 　　C．现金收款凭证

    D．现金付款凭证 　　　　E．转账凭证

（　　）4. 按账簿的外表形式不同，可分为_____。

    A．订本式账簿 　　　　B．活页式账簿 　　　　　C．卡片式账簿

    D．备查账簿 　　　　　E．日记账簿

（　　）5. 库存现金和银行存款日记账账页的格式有_____。

    A．三栏式 　　　　　　B．平行式 　　　　　　　C．多栏式

    D．数量金额式 　　　　E．卡片式

（　　）6. 明细分类账账页的格式有_____。

    A．数量金额式 　　　　B．平行式 　　　　　　　C．三栏式

    D．多栏式 　　　　　　E．卡片式

（　　）7. 以下账户的明细账宜采用数量金额式的选项有_____。

    A．库存商品 　　　　　B．原材料 　　　　　　　C．在途物资

    D．固定资产 　　　　　E．应收账款

（　　） 8. 编制记账凭证时发生笔误，可采用的更正方法有_____。

        A．划线更正法　　　　　B．差额冲账法　　　　　C．全额冲账法

        D．补充登记法　　　　　E．重新编制一张记账凭证

（　　） 9. 如发现使用的会计科目及记账方向正确，但所记金额大于应记金额，并已登记入账时，可采用的更正方法是_____。

        A．划线更正法　　　　　B．差额冲账法　　　　　C．全额冲账法

        D．补充登记法　　　　　E．重新编制一张记账凭证

（　　）10. 下列_____可用红笔在账簿上进行记录。

        A．根据红字冲账的记账凭证登记账簿　　　　　B．在表示负数余额时

        C．在不设减少栏的多栏式账页中登记减少数　　　　　D．结账时所划的线

        E．划线更正时所划的线

（　　）11. 任何单位都必须设置的账簿有_____。

        A．总账　　　　　B．库存现金日记账　　　　　C．银行存款日记账

        D．明细账　　　　　E．备查账

（　　）12. 对账的主要内容包括_____。

        A．账证核对　　　　　B．账账核对　　　　　C．账款核对

        D．账实核对　　　　　E．账表核对

（　　）13. 下列_____核对属账账核对。

        A．总账与明细账　　　　　B．总账与序时账　　　　　C．总账内部试算平衡

        D．库存现金日记账与库存现金　　　　　E．账簿记录与会计凭证

（　　）14. 下列_____核对属账实核对。

        A．各存货明细账与存货　　B．总账与序时账　　　　　C．账簿记录与会计凭证

        D．库存现金日记账与库存现金

        E．银行存款日记账与银行对账单

（　　）15. 期末结账的方法可分为_____。

        A．不需要结计发生额的账户

        B．需要结计本年累计发生额的账户

        C．需要结计本日发生额的账户

        D．需要结计本月发生额的账户

        E．需要结计每日余额的账户

四、判断改错题

（　　） 1. 各种明细账的登记依据，可以是记账凭证，也可以是原始凭证或原始凭证汇总表。

        改错：_____

（　　） 2. 原材料明细账一般采用多栏式账页。

        改错：_____

（　　） 3. 对于发生的会计事项，总账和明细账必须在同一会计期间全部登记入账。

        改错：_____

基础会计·习题集（第六版）

(   ) 4. 订本式账簿是启用后再装订成册的账簿,适用于登记总账、库存现金日记账和银行存款日记账。

改错:＿＿＿＿＿＿＿＿＿＿＿＿＿＿＿＿＿＿＿＿＿＿＿＿＿＿＿＿＿＿＿

(   ) 5. 固定资产、原材料和现金等实物资产的明细账,可采用卡片式账簿。

改错:＿＿＿＿＿＿＿＿＿＿＿＿＿＿＿＿＿＿＿＿＿＿＿＿＿＿＿＿＿＿＿

(   ) 6. 哪些总分类账需设置明细分类账,是全部还是部分,详细程度如何,可根据各单位的具体情况而定。

改错:＿＿＿＿＿＿＿＿＿＿＿＿＿＿＿＿＿＿＿＿＿＿＿＿＿＿＿＿＿＿＿

(   ) 7. 登记账簿必须使用蓝色或黑色墨水钢笔书写,在特殊情况下才可以使用红色墨水钢笔书写。

改错:＿＿＿＿＿＿＿＿＿＿＿＿＿＿＿＿＿＿＿＿＿＿＿＿＿＿＿＿＿＿＿

(   ) 8. 登记账簿时倘若发生跳行、漏页,应在空行、空页处用红色墨水钢笔划对角线注销,注明"此行空白"或"此页空白"字样。

改错:＿＿＿＿＿＿＿＿＿＿＿＿＿＿＿＿＿＿＿＿＿＿＿＿＿＿＿＿＿＿＿

(   ) 9. 记账以前发现记账凭证中应借、应贷的会计科目正确,而所记金额小于应记金额,应采用补充登记法。

改错:＿＿＿＿＿＿＿＿＿＿＿＿＿＿＿＿＿＿＿＿＿＿＿＿＿＿＿＿＿＿＿

(   )10. 一页账页记满,需在下一页续记时,需填制"过次页""承前页"栏目。

改错:＿＿＿＿＿＿＿＿＿＿＿＿＿＿＿＿＿＿＿＿＿＿＿＿＿＿＿＿＿＿＿

(   )11. 银行存款日记账每年至少与开户银行对一次账。

改错:＿＿＿＿＿＿＿＿＿＿＿＿＿＿＿＿＿＿＿＿＿＿＿＿＿＿＿＿＿＿＿

(   )12. 在会计核算中,红笔一般只在划线更正、冲账、划结线和表示负数时使用。

改错:＿＿＿＿＿＿＿＿＿＿＿＿＿＿＿＿＿＿＿＿＿＿＿＿＿＿＿＿＿＿＿

(   )13. 账项调整是指根据权责发生制原则,在期末按规定调整本期收入、成本和费用账户的记录,以正确计算当期损益。

改错:＿＿＿＿＿＿＿＿＿＿＿＿＿＿＿＿＿＿＿＿＿＿＿＿＿＿＿＿＿＿＿

(   )14. 启用新账簿时,应首先填写"账簿启用及交接表"。

改错:＿＿＿＿＿＿＿＿＿＿＿＿＿＿＿＿＿＿＿＿＿＿＿＿＿＿＿＿＿＿＿

(   )15. 结账就是在期末计算出全部账户的本期发生额。

改错:＿＿＿＿＿＿＿＿＿＿＿＿＿＿＿＿＿＿＿＿＿＿＿＿＿＿＿＿＿＿＿

五、简答题

1. 什么是会计账簿? 设置会计账簿有何意义?

2. 会计账簿有哪几种分类?

3. 试述各类账簿的登记依据。

4. 什么是记账规则? 试述主要的记账规则。

5. 错账更正有哪几种方法? 适用性如何?

6. 什么是对账？对账的内容是什么？

7. 什么是结账？结账前要做哪些准备工作？

8. 账簿中为什么要设"账簿启用和交接表"？有什么作用？

9. 账簿更换有什么规定？

六、核算题

习题 6-1

【目的】练习三栏式日记账的登记。

【资料】

1. 柳树工厂 4 月 1 日"库存现金"账户期初余额为 4 800 元,"银行存款"账户期初余额为 250 000 元。

2. 该工厂 4 月份发生的库存现金、银行存款收付业务见第五章习题 5-2 资料。

【要求】

1. 根据资料 1 开设库存现金日记账和银行存款日记账,登记期初余额。

2. 根据第五章习题 5-2 填制的收款凭证、付款凭证,登记库存现金日记账和银行存款日记账,结出每日余额,并进行月度结账。

库存现金日记账

年		凭 证		摘　要	对应账户	收入	付出	结余
月	日	种类	编号					

银行存款日记账

年		凭 证		摘　要	结算凭证		对应科目	收入	付出	结余
月	日	种类	编号		种类	编号				

习题 6-2

【目的】

练习登记总分类账和各种明细分类账。

【资料】

（一）黄杨工厂 20××年 11 月 30 日总分类账户余额如下：

账户名称	借方余额（元）	账户名称	贷方余额（元）
库存现金	2 800	短期借款	120 000
银行存款	186 000	应付账款	42 000
应收账款	43 000	应交税费	5 000
其他应收款	10 400	累计折旧	24 000
原材料	74 000	实收资本	400 000
库存商品	87 000	盈余公积	4 200
生产成本	36 200	本年利润	170 000
固定资产	325 800		
合　计	765 200	合　计	765 200

（二）黄杨工厂 20××年 11 月 30 日有关明细账户余额如下：

1. "原材料"明细账余额：

　　甲材料　5 000 千克　　@10.00　　50 000 元

　　乙材料　3 000 千克　　@8.00　　24 000 元

　　合　计　　　　　　　　　74 000 元

2. "应收账款"明细账余额：

　　榆树工厂　　43 000 元（借余）

　　合　计　　　43 000 元

3. "生产成本——A 产品"明细账余额：

　　直接材料　25 000 元

　　直接人工　8 200 元

　　制造费用　3 000 元

　　合　计　　36 200 元

4. "应付账款"明细账余额：

　　榕树工厂　30 000 元（贷余）

　　水杉工厂　12 000 元（贷余）

　　合　计　　42 000 元

（三）黄杨工厂 20××年 12 月份发生如下经济业务：

1. 1 日，向榕树工厂购入甲材料 3 000 千克，@10.00，计 30 000 元，增值税进项税额 3 900 元，材料已验收库存入库，按其实际采购成本入账，款项尚未支付。

2. 3 日，以库存现金购买行政管理部门办公用品 120 元，已领用。

3. 4 日，仓库发出甲、乙两种材料，由以下各部门领用：

単位:元

用　途	甲材料	乙材料	合计
1. 生产 A 产品	4 000 kg@10.00 计 ￥40 000	2 200 kg@8.00 计 ￥17 600	57 600
2. 生产管理部门	1 500 kg@10.00 计 ￥15 000		15 000
3. 行政管理部门		600 kg@8.00 计 ￥4 800	4 800
合　计	5 500 kg@10.00 计 ￥55 000	2 800 kg@8.00 计 ￥22 400	77 400

4. 6 日,收到榆树工厂还来前欠账款 40 000 元,存入银行。

5. 8 日,从银行提取现金 80 000 元,备发职工工资。

6. 8 日,以库存现金发放职工工资 80 000 元。

7. 10 日,以银行存款归还前欠水杉工厂账款 6 000 元。

8. 11 日,销售给榆树工厂 A 产品 3 000 件,@58.00,计 174 000 元,增值税销项税额 22 620 元,款未收。

9. 12 日,企业生产管理人员王洁报销差旅费 700 元,交回暂借款余额 300 元。

10. 15 日,向水杉工厂购入乙材料 2 000 千克,@8.00,计 16 000 元,增值税进项税额 2 080 元,材料已验收入库,按实际采购成本入账,款项尚未支付。

11. 15 日,以银行存款支付未交所得税 4 000 元。

12. 18 日,以银行存款支付上月所欠榕树工厂账款 30 000 元。

13. 20 日,以银行存款支付银行手续费 160 元。

14. 22 日,销售给榆树工厂 A 产品 2 000 件,@58.00,计 116 000 元,增值税销项税额 15 080 元,款未收。

15. 25 日,以银行存款归还短期借款 80 000 元。

16. 28 日,以银行存款支付本月电费 7 500 元。

17. 29 日,收到榆树工厂付来本月 11 日所欠账款,存入银行。

18. 30 日,以银行存款支付广告费 3 700 元。

19. 31 日,分配结转本月份职工工资 80 000 元,其中:A 产品生产工人工资 32 000 元,生产管理部门人员工资 12 000 元,行政管理部门人员工资 36 000 元。

20. 31 日,分配本月应付电费 7 500 元,其中生产部门应负担 5 000 元;行政管理部门应负担 2 500 元。

21. 31 日,本月提取固定资产折旧 9 880 元,其中:生产管理部门应负担 3 840 元,行政管理部门应负担 6 040 元。

22. 31 日,结转本月制造费用(黄杨工厂只生产 A 产品)。

23. 31 日,本月 A 产品全部完工,并已验收入库,按实际成本转账。

24. 31 日,结转本月销售产品的生产成本,@38.00。

25. 31 日,按产品销售收入的 5% 计提应交消费税。

26. 31 日,将本月有关损益类账户余额结转"本年利润"账户。

27. 31 日,按本月利润总额的 25% 计算应交所得税,并将"所得税费用"账户余额结转

"本年利润"账户(列出算式)。

28. 31 日,按本年度税后利润的 10%计提盈余公积;将本年度税后利润的 50%作为应付给投资者的利润。

【要求】

1. 根据资料(一)开设总分类账户(三栏式),并登记期初余额。

2. 开设"原材料"(数量金额式)、"应收账款"(三栏式)、"生产成本"(多栏式)和"应付账款"(平行式)明细分类账户,并根据资料(二)登记期初余额。

3. 根据资料(三)编制会计分录。

4. 根据会计分录登记总分类账户和明细分类账户,并结出余额(暂不结账)。

会计分录用纸(代记账凭证)

日期	凭证号数	摘　要	会计科目及子细目	过账	借方金额	贷方金额

会计分录用纸(代记账凭证)

日期	凭证号数	摘　要	会计科目及子细目	过账	借方金额	贷方金额

基础会计·习题集(第六版)

会计分录用纸（代记账凭证）

日期	凭证号数	摘　要	会计科目及子细目	过账	借方金额	贷方金额

总 分 类 账

账户名称:库存现金

××年		凭证		摘 要	借 方	贷 方	借/贷	余 额
月	日	种类	编号					

账户名称:银行存款

××年		凭证		摘 要	借 方	贷 方	借/贷	余 额
月	日	种类	编号					

账户名称:应收账款

××年		凭证		摘 要	借 方	贷 方	借/贷	余 额
月	日	种类	编号					

账户名称：其他应收款

××年		凭证		摘　要	借方	贷方	借/贷	余　额
月	日	种类	编号					

账户名称：原材料

××年		凭证		摘　要	借方	贷方	借/贷	余　额
月	日	种类	编号					

账户名称：在途物资

××年		凭证		摘　要	借方	贷方	借/贷	余　额
月	日	种类	编号					

账户名称：库存商品

××年		凭证		摘　要	借方	贷方	借/贷	余　额
月	日	种类	编号					

账户名称:固定资产

××年		凭证		摘　要	借方	贷方	借/贷	余　额
月	日	种类	编号					

账户名称:累计折旧

××年		凭证		摘　要	借方	贷方	借/贷	余　额
月	日	种类	编号					

账户名称:生产成本

××年		凭证		摘　要	借方	贷方	借/贷	余　额
月	日	种类	编号					

账户名称:制造费用

××年		凭证		摘　要	借方	贷方	借/贷	余　额
月	日	种类	编号					

账户名称:短期借款

××年		凭证		摘　要	借方	贷方	借／贷	余　额
月	日	种类	编号					

账户名称:应付账款

××年		凭证		摘　要	借方	贷方	借／贷	余　额
月	日	种类	编号					

账户名称:应付职工薪酬

××年		凭证		摘　要	借方	贷方	借／贷	余　额
月	日	种类	编号					

账户名称:应付股利

××年		凭证		摘　要	借方	贷方	借/贷	余额
月	日	种类	编号					

账户名称:应交税费

××年		凭证		摘　要	借方	贷方	借/贷	余额
月	日	种类	编号					

账户名称:实收资本

××年		凭证		摘　要	借方	贷方	借/贷	余额
月	日	种类	编号					

账户名称:盈余公积

××年		凭证		摘　要	借方	贷方	借/贷	余额
月	日	种类	编号					

基础会计·习题集(第六版)

账户名称:本年利润

××年		凭证		摘　要	借　方	贷　方	借/贷	余　额
月	日	种类	编号					

账户名称:利润分配

××年		凭证		摘　要	借　方	贷　方	借/贷	余　额
月	日	种类	编号					

账户名称:主营业务收入

××年		凭证		摘　要	借　方	贷　方	借/贷	余　额
月	日	种类	编号					

账户名称:主营业务成本

××年		凭证		摘　要	借　方	贷　方	借/贷	余　额
月	日	种类	编号					

账户名称:税金及附加

××年		凭证		摘　要	借　方	贷　方	借／贷	余　额
月	日	种类	编号					

账户名称:销售费用

××年		凭证		摘　要	借　方	贷　方	借／贷	余　额
月	日	种类	编号					

账户名称:管理费用

××年		凭证		摘　要	借　方	贷　方	借／贷	余　额
月	日	种类	编号					

账户名称:财务费用

××年		凭证		摘　要	借　方	贷　方	借／贷	余　额
月	日	种类	编号					

账户名称:所得税费用

××年		凭证		摘　要	借方	贷方	借／贷	余　额
月	日	种类	编号					

原材料明细账

类别:　　　　　　名称和规格:　　　　　　计量单位:　　　　　　仓库:

××年		凭证号数	摘要	收　入			发　出			结　存		
月	日			数量	单价	金额	数量	单价	金额	数量	单价	金额

原材料明细账

类别:　　　　　　名称和规格:　　　　　　计量单位:　　　　　　仓库:

××年		凭证号数	摘要	收　入			发　出			结　存		
月	日			数量	单价	金额	数量	单价	金额	数量	单价	金额

应收账款明细账

账户名称:

××年		凭证		摘　要	借方	贷方	借／贷	余　额
月	日	种类	编号					

应付账款明细分类账

行次	户名	借　方				贷　方				转销
		××年 月 日	凭证号数	摘要	金额	××年 月 日	凭证号数	摘要	金额	

生产成本明细账

账户名称:A 产品

年 月 日	凭证号数	摘　要	成本项目			合　计
			直接材料	直接人工	制造费用	

习题 6-3

【目的】练习错账更正的方法。

【资料】白杨工厂于月底结账前检查本月账簿记录及有关凭证,发现有下列错账:

1. 5 日,向马鞍山公司购入的甲材料 3 600 元验收入库,按实际成本转账。原分录如下,并已登记入账。

借:原材料——甲材料　　　　　　　　　　36 000

　　贷:在途物资——甲材料　　　　　　　　　36 000

2. 11 日,以现金报销购办公用品款 470 元,办公用品已由车间管理部门领用。原分录如下,并已登记入账。

借：管理费用   470

  贷：库存现金   470

3. 17 日，向萧山工厂购入乙材料 4 000 千克，@3.30 元，增值税进项税额 1 560 元，款项未付。原分录如下，并已登记入账。

借：在途物资——乙材料   12 000

  应交税费——应交增值税（进项税额） 1 560

  贷：应付账款——萧山工厂   13 560

4. 21 日，向银行借入短期借款 100 000 元，存入银行。原分录如下，已登记入账。

借：短期借款   100 000

  贷：银行存款   100 000

5. 28 日，领用甲材料 20 200 元投入产品生产，记账凭证无误，但登记总账时误记为 22 000 元，原账簿记录为：

账户名称：原材料

日 期	凭证号	摘 要	借 方	贷 方	借或贷	余 额
		承前页			借	135 246
/28	○	发料		22 000	借	113 246
/30	○	发料		13 046	借	100 200

【要求】根据上述资料，找出记账错误，并用正确的更正方法予以更正。

1. 错误原因：

  更正方法：

  更正分录：

2. 错误原因：

  更正方法：

  更正分录：

3. 错误原因：

  更正方法：

  更正分录：

4. 错误原因：

  更正方法：

  更正分录：

5. 错误原因：

  更正方法：

  更正分录：

习题 6-4

【目的】练习对账和结账。

【资料】

1. 见习题 6-2。

2. "主营业务收入"明细账本年度 1—10 月份累计发生额为 980 000 元。

【要求】

1. 编制"试算平衡表",对总分类账户进行试算平衡。

2. 编制"原材料"账户和"应付账款"账户的"明细分类账户本期发生额及余额表",与相关总分类账户进行核对。

3. 年末,对所有总分类账户和明细分类账户进行结账。其中损益类账户需要结计本月发生额,"主营业务收入"账户需要结计本年累计发生额,其余账户均不需要结计发生额。

试算平衡表

年　　月　　日

账户名称	期初余额		本期发生额		期末余额	
	借　方	贷　方	借　方	贷　方	借　方	贷　方

试算平衡表

年　月　日

账户名称	期初余额		本期发生额		期末余额	
	借方	贷方	借方	贷方	借方	贷方

原材料明细分类账户本期发生额及余额表

明细分类账户名称	期初余额		本期发生额		期末余额	
	借方	贷方	借方	贷方	借方	贷方
合　计						

应付账款明细分类账户本期发生额及余额表

明细分类账户名称	期初余额		本期发生额		期末余额	
	借方	贷方	借方	贷方	借方	贷方
合　计						

第七章 财产清查

一、填空题

1. 永续盘存制是指对单位的各项财产物资,根据_____逐日逐笔地在账簿中登记其_____,并随时结出_____的一种盘存制度。

2. 永续盘存制下,计算本期期末各项财产物资账面结存数额的公式为:_____
_____。

3. 实地盘存制是指单位的各项财产物资,平时在账簿中只登记_____,不登记_____,期末通过_____来确定其_____,并倒挤出_____
_____的一种盘存制度。

4. 实地盘存制下,计算本期内各项财产物资发出数额的公式为:_____
_____。

5. 在实物资产清查时,对于各种实物的盘点结果,应填制_____;对于账实不符的实物,应编制_____。

6. 实物资产的清查盘点方法,通常有_____和_____两种。

7. 库存现金的清查盘点采用_____方法;而银行存款的清查盘点则采用_____方法。

8. 银行存款的清查主要是将本单位_____与_____账面余额进行核对,以查明账实是否相符的清查方法。

二、单项选择题

( ) 1. 某公司期初甲材料库存 60 000 元,本月购入 A 材料 140 000 元,本月发出 A 材料 120 000 元,期末盘点后,发现 A 材料 95 000 元。采用实地盘存制 A 材料的发出金额为_____。
   A．105 000 元　　B．120 000 元　　C．5 000 元　　D．95 000 元

( ) 2. 单位在撤销或合并时,对单位的财产物资应进行_____。
   A．全面清查　　B．定期清查　　C．局部清查　　D．重点清查

( ) 3. 单位银行存款日记账与银行对账单的核对属于_____。
   A．账账核对　　B．账证核对　　C．账实核对　　D．账表核对

( ) 4. 在记账无误的情况下,银行对账单与银行存款日记账账面余额不一致的原因是由_____造成的。
   A．应付账款　　B．坏账损失　　C．应收账款　　D．未达账项

( ) 5. 产生未达账项的原因是_____。
   A．记账有错误　　　　　　B．取得凭证的时间不一致
   C．清查的方法不同　　　　D．有坏账存在

基础会计·习题集(第六版)

（　　）6. 对于未达账项进行账务处理的时间是_____。

    A．待收到相关原始凭证　　　　　　B．收到银行转来对账单

    C．银行存款余额调节表编制完毕　　D．银行存款余额调节表编制前

（　　）7. 某公司在固定资产清查中，发现未入账的数码设备一套，该固定资产入账价值应采用_____。

    A．重置完全价　　B．估价　　　　C．原价　　　　D．账面价

（　　）8. "待处理财产损溢"账户的贷方登记_____。

    A．尚未批准处理的财产盘盈及经批准转销的财产盘亏、毁损数

    B．尚未批准处理的财产盘亏、毁损数

    C．尚未批准处理的财产盘亏、毁损数及经批准转销的财产盘盈数

    D．经批准转销的财产盘盈数

（　　）9. 清查中财产盘亏是由于保管人员失职所造成，应计入_____。

    A．管理费用　　B．其他应收款　　C．营业外支出　　D．生产成本

（　　）10. 在财产清查中发现库存材料实存数小于账面数（非非常损失），经核销后应作_____处理。

    A．坏账损失　　B．管理费用　　　C．原材料　　　D．营业外支出

（　　）11. 在清查中发现账外固定资产，经批准后留作自用，账务处理上应作为_____入账。

    A．营业外收入　　　　　　　　　　B．管理费用

    C．以前年度损益调整　　　　　　　D．其他应收款

（　　）12. 不应通过"待处理财产损溢"科目核算的是_____。

    A．固定资产的盘亏　　　　　　　　B．原材料的盘盈盘亏及毁损

    C．库存商品的盘盈盘亏及毁损　　　D．无法收回的应收账款

三、多项选择题

（　　）1. 引起账实不符的原因主要有_____。

    A．保管过程中发生自然损耗　　　　B．手续不健全

    C．制度不严密　　　　　　　　　　D．计量或检验不准确

    E．管理不善或责任者的过失

（　　）2. 财产清查按其清查时间，可以分为_____。

    A．定期清查　　　　　B．局部清查　　　　　C．全面清查

    D．突击清查　　　　　E．不定期清查

（　　）3. 全面清查一般是单位在_____进行。

    A．经管人员发生变动时　　B．年终编制决算会计报表之前

    C．合并时　　　　　　　　D．改变隶属关系时　　E．仓库发生火灾时

（　　）4. 在下列情况中可以进行不定期清查的有_____。

    A．财产物资保管人员变动　　　　　B．仓库发生火灾时

    C．年终编制决算会计报表之前　　　D．发生贪污盗窃

　　　　　E．企业兼并破产

（　　）5．定期清查是_____。
　　　　　A．全面清查　　　　　　B．局部清查　　　　　　C．在年终进行
　　　　　D．在季末进行　　　　　E．在月末进行

（　　）6．实物资产清查的方法有_____。
　　　　　A．实地盘点法　　　　　B．发函询证法　　　　　C．账目核对法
　　　　　D．技术推算盘点法　　　E．实地盘存制

（　　）7．财产清查的原始凭证包括_____。
　　　　　A．盘存单　　　　　　　B．实存账存对比表　　　C．库存现金盘点报告表
　　　　　D．往来款项对账表　　　E．银行存款余额调节表

（　　）8．财产物资的盘存制度有_____。
　　　　　A．权责发生制　　　　　B．永续盘存制　　　　　C．收付实现制
　　　　　D．实地盘存制　　　　　E．应收应付制

（　　）9．单位银行存款日记账账面余额与银行对账单上存款余额不相符，其原因可能
　　　　　有_____。
　　　　　A．单位记账有误　　　　B．银行记账有误　　　　C．存在未付款项
　　　　　D．存在应收项目　　　　E．存在未达账项

（　　）10．月末单位银行存款日记账和银行送来的对账单存款不一致，造成单位账面存款余
　　　　　额大于银行对账单存款余额的原因有_____。
　　　　　A．单位已收款入账，而银行尚未入账
　　　　　B．单位已付款入账，而银行尚未入账
　　　　　C．银行已收款入账，而单位尚未入账
　　　　　D．银行已付款入账，而单位尚未入账
　　　　　E．单位或银行记账有错误

（　　）11．下列情况属于单位与银行之间的未达账项有_____。
　　　　　A．银行已收、单位未收　　B．银行已付、单位未付　　C．银行未付、单位未付
　　　　　D．单位已收、银行未收　　E．单位已付、银行未付

（　　）12．编制银行存款余额调节表的目的是_____。
　　　　　A．通过调节未达账项，查明有无错账
　　　　　B．作为调整账面的原始依据
　　　　　C．确定单位当时实际可以动用的款项
　　　　　D．起到对账的作用
　　　　　E．登记银行存款日记账

四、判断改错题

（　　）1．造成账实不符的原因就是登账错误。
　　　　　改错：_____

(　　) 2. 永续盘存制是对单位各项财产物资的增减变动,平时只登记增加数不登记减少数。

改错:＿＿＿＿＿＿＿＿＿＿＿＿＿＿＿＿＿＿＿＿＿＿＿＿＿＿＿＿＿＿

(　　) 3. 盘存单是记录实物盘点的结果,是反映财产物资实存数额的原始凭证。

改错:＿＿＿＿＿＿＿＿＿＿＿＿＿＿＿＿＿＿＿＿＿＿＿＿＿＿＿＿＿＿

(　　) 4. 盘点实物时,发现账存数大于实存数,即为盘盈。

改错:＿＿＿＿＿＿＿＿＿＿＿＿＿＿＿＿＿＿＿＿＿＿＿＿＿＿＿＿＿＿

(　　) 5. 库存现金盘点报告表具有盘存单和账存实存对比表的作用。

改错:＿＿＿＿＿＿＿＿＿＿＿＿＿＿＿＿＿＿＿＿＿＿＿＿＿＿＿＿＿＿

(　　) 6. 未达账项只在单位与银行之间发生,单位与其他单位之间不会发生未达账项。

改错:＿＿＿＿＿＿＿＿＿＿＿＿＿＿＿＿＿＿＿＿＿＿＿＿＿＿＿＿＿＿

(　　) 7. 如果账证、账账、账表完全相符,就不必进行财产清查。

改错:＿＿＿＿＿＿＿＿＿＿＿＿＿＿＿＿＿＿＿＿＿＿＿＿＿＿＿＿＿＿

(　　) 8. "待处理财产损溢"账户,借方登记盘盈数,贷方登记盘亏数。

改错:＿＿＿＿＿＿＿＿＿＿＿＿＿＿＿＿＿＿＿＿＿＿＿＿＿＿＿＿＿＿

(　　) 9. 未达账项就是银行已经入账,而单位尚未接到有关凭证没有入账的款项。

改错:＿＿＿＿＿＿＿＿＿＿＿＿＿＿＿＿＿＿＿＿＿＿＿＿＿＿＿＿＿＿

(　　)10. 对银行存款的清查,应采取银行存款总账账户与开户银行对账单核对账目的方法进行。

改错:＿＿＿＿＿＿＿＿＿＿＿＿＿＿＿＿＿＿＿＿＿＿＿＿＿＿＿＿＿＿

(　　)11. 银行存款余额调节表中调节后的存款余额,是单位可以动用的银行存款实际数额。

改错:＿＿＿＿＿＿＿＿＿＿＿＿＿＿＿＿＿＿＿＿＿＿＿＿＿＿＿＿＿＿

(　　)12. 银行存款清查时编制的"银行存款余额调节表"是作为编制记账凭证和调整账簿记录的依据。

改错:＿＿＿＿＿＿＿＿＿＿＿＿＿＿＿＿＿＿＿＿＿＿＿＿＿＿＿＿＿＿

五、连线题

用直线连接下列各项财产盈亏经批准记入有关账户的情况:

1. 原材料、库存商品计量不准损失
2. 原材料、库存商品盘盈收益
3. 原材料、库存商品的非常损失
4. 固定资产盘亏净损失
5. 固定资产盘盈收益

A．"管理费用"账户的借方
B．"管理费用"账户的贷方
C．"营业外支出"账户的借方
D．"以前年度损益调整"账户的贷方

六、简答题

1. 造成单位账实不符的原因主要有哪些?

2. 什么是实地盘存制和永续盘存制? 试述永续盘存制和实地盘存制的优缺点和适用性。

3. 什么是财产清查? 为什么要进行财产清查?

4. 财产清查的种类有哪些?

5. 什么是未达账项？为什么会产生未达账项？未达账项有几种？分别举例说明。

6. 如何编制银行存款余额调节表？

7. "待处理财产损溢"账户的用途、结构是什么？

8. 如何对财产清查结果进行账务处理？其基本账务处理是怎样的？

七、核算题

习题 7-1

【目的】练习编制银行存款余额调节表。

【资料】海盈企业 20××年 6 月 30 日银行存款日记账的余额为 56 000 元,银行转来的对账单的余额为 48 000 元。经逐笔核对,发现有如下未达账项:

1. 接到甲公司汇来购货款 10 000 元,银行已收款入账,企业尚未入账。
2. 银行为企业支付电费 8 000 元,银行已付款入账,企业尚未入账。
3. 销售产品货款 28 000 元,企业已收款入账,银行尚未入账。
4. 企业购材料开出转账支票 18 000 元,企业已付款入账,银行尚未入账。

【要求】根据上述资料,编制银行存款余额调节表。

银行存款余额调节表
年　　月　　日

项　目	金　额	项　目	金　额
银行存款日记账余额		银行对账单余额	
加:银行已收企业未收款项		加:企业已收银行未收款项	
减:银行已付企业未付款项		减:企业已付银行未付款项	
调节后余额		调节后余额	

习题 7-2

【目的】练习银行存款的清查。

【资料】海达公司 20××年 6 月份银行存款日记账及银行对账单如下:

银行存款日记账

20××年 月	20××年 日	摘　要	收　入	付　出	结　余
6	1	上月结存			49 400
6	5	购货款(转支#7008)		2 500	46 900
6	11	销货款(托收承付)	3 500		50 400
6	17	销货款(转支#9601)	4 600		55 000
6	28	销货款(托收承付)	2 100		57 100
6	30	代扣借款利息(委托收款)		1 200	55 900
6	30	支付货款(转支#7009)		2 000	53 900

银行对账单

户名:海达公司

20××年		摘 要	借 方	贷 方	余 额
月	日				
6	1	上月结存			49 400
6	11	转支#7008(购货款)	2 500		46 900
6	13	托收承付(销货款)		3 500	50 400
6	18	转支#9601(销货款)		4 600	55 000
6	30	委托收款(代扣借款利息)	1 200		53 800
6	30	委托收款(支付水电费)	900		52 900
6	30	银行存款计息单		1 250	54 150

【要求】

1. 假设银行对账单和银行存款日记账内的发生额经与原始凭证核对正确无误,要求将银行存款日记账与银行对账单逐笔核对,检查存在哪些未达账项。

2. 对存在的未达账项编制银行存款余额调节表。

3. 计算海达公司月末实际可用的银行存款数额。

银行存款余额调节表
年　月　日

项 目	金 额	项 目	金 额
企业日记账账面余额		银行对账单余额	
加:银行已收企业未收款项		加:企业已收银行未收款项	
减:银行已付企业未付款项		减:企业已付银行未付款项	
调节后余额		调节后余额	

习题 7-3

【目的】练习财产物资清查的核算。

【资料】海虹公司在 20×× 年 7 月财产清查中发现下列经济业务:

1. 甲材料盘盈 10 千克,@ 10.00。经查系仓库收发过程中的差错,冲减当期费用。

2. 乙材料账面余额 19 000 元,盘点实存 17 000 元。经查因失火所致毁损,由保险公司赔偿 1 000 元,其余作为"营业外支出"处理(假定该企业为增值税一般纳税人,增值税税率为 13%)。

3. 库存商品盘亏 30 件,@ 10.00。经查 200 元由于管理不善所造成,经批准作"管理费用"处理;100 元由于保管员李四失职造成,责成赔偿,记入"其他应收款"。

4. 盘亏机床一台,原价 20 000 元,账面已提折旧 14 200 元。经批准,作"营业外支出"处理。

5. 发现账外机器一台,估价 5 600 元。

【要求】

1. 根据上述经济业务,编制审批前及报请批准处理后的会计分录。

2. 列示"待处理财产损溢"账户的具体内容。

会计分录用纸(代记账凭证)

日期	凭证号数	摘　要	会计科目及子细目	过账	借方金额	贷方金额

待处理财产损溢

第八章　财务会计报告

一、填空题

1. 财务会计报告包括＿＿＿＿＿＿＿＿＿、＿＿＿＿＿＿＿＿＿和＿＿＿＿＿＿＿＿＿。

2. 财务报表是以＿＿＿＿＿为计量单位，根据＿＿＿＿＿＿＿＿＿＿定期编制的，总括反映单位在某一特定日期的＿＿＿＿＿＿＿＿＿以及某一会计期间的＿＿＿＿＿＿＿＿＿、＿＿＿＿＿＿＿＿＿的书面报告。

3. 财务报表按其所反映的经济内容不同，可分为＿＿＿＿＿＿＿＿、＿＿＿＿＿＿＿＿、＿＿＿＿＿＿＿＿和＿＿＿＿＿＿＿＿四类。

4. 编制财务报表的要求是＿＿＿＿＿＿＿＿＿、＿＿＿＿＿＿＿＿＿、＿＿＿＿＿＿＿＿＿和＿＿＿＿＿＿＿＿＿。

5. 编制资产负债表的理论依据是＿＿＿＿＿＿＿＿＿＿＿＿＿＿＿＿＿＿＿。

6. 编制利润表的理论依据是＿＿＿＿＿＿＿＿＿＿＿＿＿＿＿＿＿＿＿。

二、单项选择题

（　　）1. 下列财务报表中属于静态报表的是＿＿＿＿＿＿＿。
　　A．资产负债表　　　　　　　　　　B．利润表
　　C．应交增值税明细表　　　　　　　D．现金流量表

（　　）2. 资产负债表的＿＿＿＿＿＿＿项目应根据"预付账款"和"应付账款"科目所属明细账的期末借方余额合计填列。
　　A．预付账款　　　　　　　　　　　B．应付账款
　　C．预收账款　　　　　　　　　　　D．应收账款

（　　）3. "预付账款"明细账期末如有贷方余额，应填于资产负债表的＿＿＿＿＿＿＿＿项目。
　　A．预收账款　　　B．应收账款　　　C．应付账款　　　D．预付账款

（　　）4. 资产负债表中"预收账款"项目应根据"预收账款"和"＿＿＿＿＿＿＿"账户所属明细账户的期末贷方余额合计数填列。
　　A．预收账款　　　B．预付账款　　　C．应付账款　　　D．应收账款

（　　）5. 在我国，资产负债表中资产类各项目是按＿＿＿＿＿＿＿＿顺序排列的。
　　A．流动性强弱　　　　　　　　　　B．重要性程度
　　C．变动性大小　　　　　　　　　　D．有用性要求

（　　）6. 总括反映企业一定时期内所实现利润情况的财务报表是＿＿＿＿＿＿＿＿。
　　A．利润表　　　　　　　　　　　　B．主营业务收支明细表
　　C．所有者权益变动表　　　　　　　D．资产负债表

（　　）7. 在编制资产负债表时，应根据若干个明细科目的期末余额分析、计算填列的项目是＿＿＿＿＿＿＿＿。
　　A．货币资金　　　B．存货　　　C．固定资产　　　D．应收账款

（　）8. 某年 12 月 31 日编制的月度利润表中"本期金额"一栏反映了_____。

    A．12 月 31 日利润或亏损的形成情况

    B．12 月份利润或亏损的形成情况

    C．1—12 月累计利润或亏损的形成情况

    D．第四季度利润或亏损的形成情况

（　）9. 下列_____是据以编制利润表的账户。

    A．"库存商品"账户　　　　　　　　B．"利润分配"账户

    C．损益类账户　　　　　　　　　　D．"本年利润"账户

三、多项选择题

（　）1. 下列各项中,属于单位财务报表使用对象的有_____。

    A．债权人　　　　　　B．投资者　　　　　　C．审计机构

    D．经营管理者　　　　E．财政、工商、税务等行政管理部门

（　）2. 下列资产负债表项目,需要根据明细账余额分析填列的有_____。

    A．应付账款　　　　　　B．应收票据　　　　　　C．预付账款

    D．应付职工薪酬　　　　E．短期借款

（　）3. 资产负债表的正表部分包括_____。

    A．各项目的上年余额　　B．各项目的年初余额　　C．各项目的本年余额

    D．各项目的期末余额　　E．编表日期

（　）4. 资产负债表中"期末余额"资料来源于_____。

    A．根据总账余额直接填列　　　　　B．根据总账余额计算填列

    C．根据明细账余额分析填列　　　　D．根据总账发生额直接填列

    E．根据总账发生额计算填列

（　）5. 货币资金项目应根据_____账户的期末余额合计填列。

    A．库存现金　　　　　　B．银行存款　　　　　　C．应收票据

    D．其他货币资金　　　　E．实收资本

（　）6. 下列项目应根据明细账余额分析填列的有_____。

    A．应收账款　　　　　　B．预收账款　　　　　　C．应付账款

    D．预付账款　　　　　　E．货币资金

（　）7. 资产负债表中的"应收账款"项目应根据_____明细账余额分析填列。

    A．应付账款　　　　　　B．应收账款　　　　　　C．预付账款

    D．预收账款　　　　　　E．应收票据

（　）8. 资产负债表是_____。

    A．以"资产 = 负债 + 所有者权益"这一会计等式为基础

    B．反映企业财务状况变动的

    C．反映企业静态财务状况的

    D．月报表

    E．对外报表

（　　）9. 下列选项中_____是属于资产负债表中的项目。

    A．实收资本   B．固定资产   C．所得税费用

    D．未分配利润   E．应付股利

（　　）10. 按照不同标准进行分类,利润表应是_____。

    A．反映财务成果的报表 B．动态报表   C．对外报表

    D．静态报表   E．对内报表

四、判断改错题

（　　）1. 编制财务报表的主要依据是账簿记录。

    改错：_____

（　　）2. 资产负债表是反映单位在某一特定日期财务状况的财务报表,属于动态财务
报表。

    改错：_____

（　　）3. 利润表是反映单位一定期间经营成果的财务报表,属于静态财务报表。

    改错：_____

（　　）4. 资产负债表中,"预付账款"项目根据"预付账款"的贷方余额填列。

    改错：_____

（　　）5. 利润表是反映单位在一定期间的经营成果及其分配情况的报表,它的编制方法是
根据各损益类账户的期末余额直接填列的。

    改错：_____

（　　）6. 资产负债表是反映单位一定时期内全部资产、负债和所有者权益情况的报表,其
各项目的期末余额是根据有关账户的期末余额填列的。

    改错：_____

（　　）7. 利润净额是指利润总额减去单位应交的各种税金后的余额。

    改错：_____

（　　）8. 资产负债表中"货币资金"项目,应根据"库存现金"账户的期末余额填列。

    改错：_____

（　　）9. 我国《企业会计制度》规定的利润表的格式为单步式结构。

    改错：_____

五、连线题

用直线连接下列报表的分类：

1. 资产负债表   A．静态报表

2. 利润表   B．动态报表

3. 现金流量表   C．月报表

                D．年报表

六、简答题

1. 什么是财务会计报告？财务会计报告包括哪些内容？

2. 什么是财务报表？它有哪些作用？

3. 财务报表的编制要求有哪些？

4. 财务报表的种类有哪些？它们之间的关系是怎样的？

5. 资产负债表编制的依据是什么？应怎样编制？

6. 利润表由哪些内容组成？应怎样编制？

7. 简述利润表中净利润的具体计算。

七、核算题

习题 8-1

【目的】练习资产负债表中有关项目的计算。

【资料】海华公司 20××年 7 月末有关总账及明细账资料如下（单位：元）：

科 目	总账期末余额	明细账期末余额 借 方	明细账期末余额 贷 方
库存现金	5 000（借）		
银行存款	6 000（借）		
原材料	45 000（借）		
库存商品	50 000（借）		
应收账款	25 000（借）	30 000	5 000
预收账款	5 000（贷）	1 000	6 000
本年利润	20 000（贷）		
利润分配	15 000（借）		

【要求】计算资产负债表中有关项目填列的金额。

（1）货币资金＝

（2）存货＝

（3）应收账款＝

（4）预收账款＝

（5）未分配利润＝

习题 8-2

【目的】练习利润表中有关利润项目的计算。

【资料】海光公司 20××年 7 月有关损益类账户的资料如下（单位：元）：

科 目	金 额	科 目	金 额
主营业务收入	800 000	管理费用	110 000
主营业务成本	500 000	财务费用	20 000
税金及附加	30 000	营业外收入	40 000
销售费用	40 000	营业外支出	76 000

【要求】 根据以上资料列式计算该公司的营业利润、利润总额和净利润（所得税税率为25%）。

（1）营业利润 =

（2）利润总额 =

（3）净利润 =

习题 8-3

【目的】 练习编制资产负债表。

【资料】 海星公司 20××年 7 月末各账户期末余额如下：

会计科目余额表

20××年 7 月 31 日

总账科目	明细科目	借方余额	贷方余额	总账科目	明细科目	借方余额	贷方余额
库存现金		1 000		短期借款			15 000
银行存款		32 000		应付账款			10 000
交易性金融资产		10 000			A 公司		15 000
应收账款		23 000			B 公司	5 000	
	甲公司	27 700		预收账款			4 300
	乙公司		4 700		丙公司		4 300
预付账款		5 000		其他应付款			1 800
	C 公司	5 000			代扣款		1 800
其他应收款		2 300		应付职工薪酬			3 200
	存出保证金	2 300		应交税费			10 600
原材料		10 300		长期借款			10 000
生产成本		2 700		实收资本			105 000
库存商品		25 000		本年利润			64 000
长期股权投资		12 000		盈余公积			5 000
固定资产		70 000		利润分配		43 000	
累计折旧			17 400				
无形资产		10 000					

【要求】 根据上述资料编制 20××年 7 月 31 日资产负债表。

资产负债表

编制单位：　　　　　　　　　　　年　月　日　　　　　　　　　　单位:元

资　产	行次	期末余额	年初余额	负债及所有者权益	行次	期末余额	年初余额
流动资产：				流动负债：			
货币资金	1			短期借款	19		
交易性金融资产	2			应付账款	20		
应收账款	3			预收账款	21		
预付账款	4			其他应付款	22		
其他应收款	5			应付职工薪酬	23		
存　货	6			应交税费	25		
流动资产合计	8			应付股利	26		
非流动资产：				流动负债合计	28		
长期股权投资	9			非流动负债：			
固定资产	13			长期借款	29		
无形资产	15			非流动负债合计	30		
非流动资产合计	16			负债合计	31		
				所有者权益：			
				实收资本	32		
				资本公积	33		
				盈余公积	34		
				未分配利润	35		
				所有者权益合计	36		
资产总计	18			负债和所有者权益总计	37		

补充资料：

1. 已贴现的商业承兑汇票＿＿＿＿＿＿元；
2. 融资租入固定资产原价＿＿＿＿＿＿元。

习题 8-4

【目的】练习利润表的编制。

【资料】海帆公司 20××年 4 月 30 日结账前损益类各账户的有关资料如下：

损益类账户发生额

会计科目	借方发生额	贷方发生额
主营业务收入		135 000
主营业务成本	75 000	
税金及附加	6 700	
销售费用	1 700	
管理费用	12 600	
财务费用	3 000	
营业外收入		6 400
营业外支出	2 400	
所得税费用	10 000	

【**要求**】根据上述资料编制20××年4月份的利润表。

利 润 表

编制单位:海帆公司　　　　　　　　20××年4月　　　　　　　　单位:元

项　目	行次	本期金额	上期金额
一、营业收入	1		
减:营业成本	2		
税金及附加	3		
销售费用	4		
管理费用	5		略
财务费用	6		
加:投资收益	7		
二、营业利润(亏损以"－"号填列)	8		
加:营业外收入	9		
减:营业外支出	10		
三、利润总额(亏损以"－"号填列)	11		
减:所得税费用	12		
四、净利润(亏损以"－"号填列)	13		

第九章 会计处理程序

一、填空题

1. 会计处理程序又称_____,它是由_____、_____和_____三者有机结合起来的账务体系。其中,_____是会计处理程序的核心。

2. _____、_____、_____是会计核算方法的三个基本环节。

3. 会计处理程序的基本模式是从审核_____、填制_____开始,到登记_____、_____,再到编制_____的全过程组织程序。

4. 在各种会计处理程序中,_____是最基本的会计处理程序。

5. 在科目汇总表会计处理程序下,总账是根据_____登记的。

二、单项选择题

( ) 1. 会计循环的顺序是_____。

    A．填制和审核凭证→编制财务报表→登记账簿

    B．编制财务报表→登记账簿→填制和审核凭证

    C．填制和审核凭证→登记账簿→编制财务报表

    D．登记账簿→填制和审核凭证→编制财务报表

( ) 2. 下列各种会计处理程序中,_____是最基本的会计处理程序。

    A．记账凭证会计处理程序　　　　B．汇总记账凭证会计处理程序

    C．科目汇总表会计处理程序　　　　D．多栏式日记账会计处理程序

( ) 3. 下列各种会计处理程序中,_____是直接根据记账凭证逐笔登记总分类账的。

    A．记账凭证会计处理程序　　　　B．科目汇总表会计处理程序

    C．汇总记账凭证会计处理程序　　　　D．多栏式日记账会计处理程序

( ) 4. 科目汇总表会计处理程序一般适用于_____。

    A．经济业务较少的企业

    B．经济业务较多的企业

    C．经济业务较少、涉及金额较大的企业

    D．经济业务较少、涉及金额较小的企业

( ) 5. 各种会计处理程序各有其特点,其主要区别在于_____。

    A．编制的会计凭证不同　　　　B．记账的程序不同

    C．账簿组织不同　　　　D．登记总账的依据不同

( ) 6. 科目汇总表会计处理程序的缺点是_____。

    A．会计科目数量受限制　　　　B．不能进行试算平衡

    C．不利于会计核算分工　　　　D．反映不出账户的对应关系

三、多项选择题

( ) 1. 在各种会计处理程序中,明细分类账登记依据有_____。
   A．原始凭证　　　　B．科目汇总表　　　　C．记账凭证
   D．总分类账　　　　E．余额调节表

( ) 2. 各种会计处理程序的相同点有_____。
   A．填制记账凭证的依据相同
   B．登记明细账的依据和方法相同
   C．登记总账的依据和方法相同
   D．编制会计报表的依据相同
   E．取得原始凭证的来源相同

( ) 3. 在记账凭证会计处理程序中,登记总账的依据有_____。
   A．收款凭证　　　　B．付款凭证　　　　C．原始凭证
   D．转账凭证　　　　E．明细账

( ) 4. 编制科目汇总表的依据有_____。
   A．原始凭证　　　　B．收款凭证　　　　C．付款凭证
   D．转账凭证　　　　E．明细账

( ) 5. 编制财务报表的依据有_____。
   A．原始凭证　　　　B．记账凭证　　　　C．总分类账
   D．明细分类账　　　E．科目汇总表

四、判断改错题

( ) 1. 各种会计处理程序的根本区别在于记账程序的不同。
   改错:_____

( ) 2. 记账凭证会计处理程序的缺点是登记总分类账的工作量大。
   改错:_____

( ) 3. 记账凭证会计处理程序是最基本的会计处理程序,适用于任何类型的企业。
   改错:_____

( ) 4. 科目汇总表应按月汇总填制,即每月填制一张。
   改错:_____

( ) 5. 编制成的科目汇总表,不仅可以起到试算平衡作用,而且可以反映账户之间的对应关系。
   改错:_____

( ) 6. 在经济业务特别少的单位,其会计凭证可以不进行审核,直接作为登记账簿的依据。
   改错:_____

基础会计·习题集(第六版)

五、连线题

请画线并用箭头标明记账凭证会计处理程序。

原始凭证	记账凭证	收款凭证	库存现金日记账 银行存款日记账	财务会计报告
		付款凭证	总分类账	
		转账凭证	明细分类账	

六、简答题

1. 什么是会计处理程序? 其基本模式是怎样的?

2. 会计处理程序主要有哪几种?

3. 试说明选用合理的、适用的会计处理程序的意义。

4. 试说明记账凭证会计处理程序的基本内容、优缺点及适用范围。

5. 试说明科目汇总表会计处理程序的基本内容、优缺点及适用范围。

6. 什么是科目汇总表？如何编制科目汇总表？

七、核算题

习题 9-1

【目的】练习记账凭证会计处理程序。

【资料】海岩公司 20××年 7 月有关资料如下：

7 月 1 日总分类科目与明细分类科目的期初余额资料见下表。

资　产	金额（元）		负债及所有者权益	金额（元）	
	总分类账	明细分类账		总分类账	明细分类账
库存现金	2 000		短期借款	67 000	
银行存款	89 000		应付账款 ——联诚公司 ——瑞安公司	90 000	79 000 11 000
应收账款 ——运申公司 ——津安公司	55 000	34 000 21 000	应交税费 ——应交所得税	33 600	
原　材　料	10 600		实收资本	170 000	
生产成本	35 000				
库存商品	49 000				
固定资产	120 000				
资产总计	360 600		负债和所有者权益总计	360 600	

7 月份发生下列经济业务：

1. 1 日　向银行借入半年期的借款 20 000 元,存入银行。

2. 2 日　用银行存款归还前欠联诚公司的材料款 79 000 元。

3. 5 日　从银行提取现金 1 500 元,以备零用。

4. 10 日　向佳化公司购入 A 材料 8 000 元,增值税进项税额 1 040 元,款项以银行存款支付。

5. 15 日　收到津安公司前欠的货款 21 000 元,存入银行。

6. 18 日　向佳化公司购入的 A 材料已验收入库,按其实际采购成本转账。

7. 21 日　生产车间领用 A 材料 5 000 元,用于甲产品生产。

8. 25 日　以银行存款偿还前欠瑞安公司货款 11 000 元。

9. 26 日　购入新机器一台,价值 5 000 元,款项以银行存款支付。

10. 27 日　出售给运申公司甲产品 30 000 元,增值税销项税额 3 900 元,款项尚未收取。

11. 28 日　甲产品 100 件完工入库,计 28 000 元。

12. 31 日　以银行存款缴纳企业所得税 5 000 元。

【要求】

1. 开设总分类账户,并将月初余额登记入各有关账户中。

2. 根据 7 月份发生的业务,分别填制收款凭证、付款凭证和转账凭证,并登记各有关账户(为简化起见,有关凭证填入如下会计分录簿中)。

3. 月终结出各账户的本期发生额与期末余额。

4. 编制试算平衡表。

会计分录簿(代记账凭证)

20××年		凭证号数	摘　要	借　方		贷　方	
月	日			账户名称	金额	账户名称	金额

库存现金日记账

20××年		凭证号数	摘　要	对方账户	收入	支出	结余
月	日						
			期初余额				

银行存款日记账

20××年		凭证号数	摘　要	对方账户	收入	支出	结余
月	日						
			期初余额				

总 分 类 账

账户名称:库存现金

20××年		凭证号数	摘　要	借方	贷方	借或贷	余额
月	日						
			期初余额				

账户名称：银行存款

20××年		凭证号数	摘　要	借方	贷方	借或贷	余额
月	日						
			期初余额				

账户名称：应收账款

20××年		凭证号数	摘　要	借方	贷方	借或贷	余额
月	日						
			期初余额				

账户名称:在途物资

20××年		凭证	摘　要	借方	贷方	借或贷	余额
月	日	号数					

账户名称:原材料

20××年		凭证	摘　要	借方	贷方	借或贷	余额
月	日	号数					
			期初余额				

账户名称:库存商品

20××年		凭证	摘　要	借方	贷方	借或贷	余额
月	日	号数					
			期初余额				

账户名称:固定资产

20××年		凭证号数	摘　要	借方	贷方	借或贷	余额
月	日						
			期初余额				

账户名称:生产成本

20××年		凭证号数	摘　要	借方	贷方	借或贷	余额
月	日						
			期初余额				

账户名称:短期借款

20××年		凭证号数	摘　要	借方	贷方	借或贷	余额
月	日						
			期初余额				

账户名称:应付账款

20××年		凭证号数	摘 要	借方	贷方	借或贷	余额
月	日						
			期初余额				

账户名称:应交税费

20××年		凭证号数	摘 要	借方	贷方	借或贷	余额
月	日						
			期初余额				

账户名称:实收资本

20××年		凭证号数	摘 要	借方	贷方	借或贷	余额
月	日						
			期初余额				

账户名称:主营业务收入

20××年		凭证号数	摘 要	借方	贷方	借或贷	余额
月	日						

试算平衡表

编制单位：   年   月   日   单位:元

账户名称	期初余额		本期发生额		期末余额	
	借方	贷方	借方	贷方	借方	贷方
合　计						

习题 9-2

【目的】练习科目汇总表会计处理程序。

【资料】同习题 9-1。

【要求】

1. 根据习题 9-1 编制的记账凭证，编制科目汇总表。

2. 将科目汇总表本期发生额借方、贷方金额合计数，与习题 9-1 总分类账户本期发生额及余额的试算平衡表中的本期发生额借方、贷方数字核对相符。

科目汇总表

　　　　年　　月　　日至　　日　　　　　字第　号：

会计科目	本期发生额	
	借　方	贷　方

复　核：　　　　　　　　　　　　　　　　　　制　表：

第十章　会计假设和会计信息质量要求

一、填空题

1. 在我国《企业会计准则》中,会计假设主要包括_____、_____、_____、_____四个方面。

2. 会计期间通常分为_____、_____、_____和_____。其中_____为最主要的会计期间。

3. 自公历_____起至_____止为一个会计年度。

4. 在我国,单位的会计核算以_____为记账本位币。

二、单项选择题

(　　) 1. 会计主体是会计信息所反映的特定单位,它规范了会计工作的_____。
  A. 对象范围　　　B. 空间范围　　　C. 时间长度　　　D. 必要手段

(　　) 2. 单位计提固定资产折旧符合_____的质量要求。
  A. 谨慎性　　　B. 可靠性　　　C. 相关性　　　D. 可比性

(　　) 3. _____作为会计核算的基本前提,就是将特定主体的持续不断的生产经营活动人为地划分为若干期间。
  A. 会计年度　　　B. 会计主体　　　C. 持续经营　　　D. 会计期间

(　　) 4. 会计分期假设是_____假设的补充。
  A. 货币计量　　　B. 会计主体　　　C. 持续经营　　　D. 会计期间

(　　) 5. 融资租入固定资产的所有权虽然属于出租单位,但仍作为本单位固定资产核算,是符合_____质量要求。
  A. 谨慎性　　　B. 重要性　　　C. 相关性　　　D. 实质重于形式

三、多项选择题

(　　) 1. 会计假设包括会计主体和_____。
  A. 可理解　　　B. 持续经营　　　C. 实质重于形式
  D. 货币计量　　　E. 会计分期

(　　) 2. 下列各项属于会计信息质量要求的有_____。
  A. 客观性　　　B. 完整性　　　C. 可比性
  D. 重要性　　　E. 相关性

(　　) 3. 会计中期应分为_____。
  A. 年度　　　B. 季度　　　C. 半年度
  D. 月度　　　E. 日

（　　）4. 相关性要求所提供的会计信息_____。

    A．满足单位内部加强经营管理的需要

    B．满足国家宏观经济管理的需要

    C．满足有关各方面了解单位财务状况和经营成果的需要

    D．满足提高全民素质的需要

    E．满足提高国民生产总值的需要

四、判断改错题

（　　）1. 会计主体应该是独立核算的经济实体。

    改错：_____

（　　）2. 会计主体与法律主体是同一概念。

    改错：_____

（　　）3. 持续经营是指会计主体的经营活动在可以预见的未来,单位不会面临破产。

    改错：_____

（　　）4. 货币计量包含着币值稳定的假设。

    改错：_____

（　　）5. 会计处理的方法应始终保持前后期一致,计算口径一致不得随意变更,这是会计核算的可比性要求。

    改错：_____

（　　）6. 谨慎性要求单位在会计核算时,少计可能发生的损失和费用,多计可能带来的收益。

    改错：_____

（　　）7. 可比性解决的不仅是单位之间横向可比的问题,也包括同一单位纵向可比的问题。

    改错：_____

（　　）8. 对每一会计事项都要详细记载,是重要性质量要求的核心。

    改错：_____

五、简答题

1. 什么是会计假设? 会计假设主要包括哪些内容? 它们的作用分别是什么?

基础会计·习题集（第六版）

2. 试述会计假设的必要性。

3. 会计期间是如何划分的?

4. 试述会计假设条件之间存在的关系。

5. 会计信息应符合哪些质量要求?

期中考试综合复习题(样卷)

(总分:100分)

一、判断题(每题 1 分,共 10 分,判断对错,在每题的括号内打√或×)

( )1. 会计核算是会计的基本环节,是会计分析和会计检查的基础。

( )2. 在会计核算方法体系中,填制凭证、登记账簿、成本计算是会计核算的三个主要
环节。

( )3. 复合会计分录,是指至少有两个相对应账户的会计分录。

( )4. 在借贷记账法下,所有账户都具有"期末余额=期初余额+本期借方发生额−本期
贷方发生额"的基本关系。

( )5. 借贷记账法下,借方表示增加,贷方表示减少。

( )6. 资金就是货币资金。

( )7. 如果试算平衡表借贷平衡,说明账户记录正确。

( )8. 总账和明细账平行登记的要求是:方向相同、期间相同、金额相等。

( )9. 制造费用、管理费用都是成本账户。

( )10. 月末结账后,损益类账户的期末余额一般为零。

二、单项选择题(每题 1 分,共 10 分)

( )1. "在途物资"账户的明细分类账一般应按照_____来设置。

  A. 材料的供应单位   B. 存放材料的仓库

  C. 材料的种类、品名、规格   D. 消耗材料的生产车间

( )2. 下列不属于期间费用的选项是_____。

  A. 管理费用   B. 销售费用   C. 财务费用   D. 制造费用

( )3. 以下不属于所有者权益账户的选项是_____。

  A. 本年利润   B. 盈余公积   C. 投资收益   D. 实收资本

( )4. 以下引起资产内部一个项目增加,另一个项目减少的业务是_____。

  A. 以原材料投入生产   B. 以现金发放工资

  C. 收到投资者投入的设备   D. 以银行存款偿还应付款项

( )5. 向银行提现 2 000 元,使该企业的_____。

  A. 资产总额增加 2 000 元   B. 负债总额增加 2 000 元

  C. 所有者权益总额增加 2 000 元   D. 以上三者均未增加

( )6. 会计的基本等式的标准形式是_____。

  A. 资产=负债+所有者权益+利润   B. 资产=权益

  C. 资产=负债+所有者权益   D. 资产=负债+所有者权益+收入−费用

基础会计·习题集(第六版)

（　　）7. "所得税费用"属于_____会计科目。

        A．资产类　　　　　B．负债类　　　　　C．成本类　　　　　D．损益类

（　　）8. 会计的两大基本职能是_____。

        A．反映和核算　　　B．分析和考核　　　C．核算和监督　　　D．预测和决策

（　　）9. _____类账户的结构与资产类账户的结构相同。

        A．负债　　　　　　B．所有者权益　　　C．成本　　　　　　D．损益

（　　）10. 下列属于资金退出企业的会计事项的选项是_____。

        A．现金解行　　　　B．支付货款　　　　C．缴纳税金　　　　D．对外投资

三、多项选择题（每题 2 分，共 10 分，多选、少选、错选均不得分）

（　　）1. 向银行借款 200 000 元，使该企业的_____增加 200 000 元。

        A．资产　　　　B．负债　　　　C．所有者权益　　　　D．收入　　　　E．费用

（　　）2. 会计核算的专门方法有_____。

        A．设置账户、复式记账　　　B．会计分录、试算平衡　　　C．登记账簿、成本计算

        D．填制和审核凭证　　　E．财产清查、编制会计报表

（　　）3. _____是资金运动在某一时点的静态表现。

        A．资产　　　　　　　　B．负债　　　　　　　　C．所有者权益

        D．收入　　　　　　　　E．费用

（　　）4. 制造费用分配的标准一般可按_____比例进行分配。

        A．生产工人的工资　　　B．产品的数量　　　　　C．机器台数

        D．产品耗用的工时　　　E．机器工作小时数

（　　）5. 会计工作规范包括_____。

        A．会计法　　　　　　　B．会计制度　　　　　　C．会计准则

        D．财务会计报告条例　　E．会计档案

四、填空题（每题 1.5 分，共 6 分）

1. 会计六要素是指_____、_____、_____、_____、_____、_____。

2. 借贷记账法的记账规则是_____。

3. 会计分录的三要素是_____、_____、_____。

4. 各类账户借贷两方登记的增减情况如下：

账户类别	借方登记	贷方登记
资产	增加	减少
负债		
所有者权益		
成本费用		
收入		

五、核算题(本题 59 分)

根据下列会计事项编制会计分录,列明子细目。

● 采购过程的核算(每题 2.5 分,共 7.5 分)

1. 向爱华工厂购入下列材料,款未付。

品名	数量(千克)	单价(元)	金额(元)	增值税(元)
甲材料	2 000	24.00	48 000	6 240
乙材料	4 000	18.00	72 000	9 360

2. 以存款支付上述材料的运杂费 6 780 元(不考虑增值税),并按重量比例分摊(列出算式)。

3. 甲、乙材料验收入库,按实际成本转账。

● 生产过程的核算(每题 2.5 分,登账 3 分,共 18 分)

1. 本月仓库发出的材料按用途汇总如下:

用途及部门	甲材料(元)	乙材料(元)	合计(元)
生产 A 产品	26 000	3 000	29 000
生产 B 产品	5 000	27 000	32 000
生产管理部门	1 900		1 900
行政管理部门		4 000	4 000
合　计	32 900	34 000	66 900

2. 分配本月职工工资 275 000 元。

其中：生产 A 产品工人工资   82 000 元

           生产 B 产品工人工资   118 000 元

           生产管理人员工资   15 000 元

           行政管理人员工资   60 000 元

3. 分配本月水电费 38 500 元。

其中：A 产品负担   11 480 元

          B 产品负担   16 520 元

          生产管理部门负担   2 100 元

          行政管理部门负担   8 400 元

4. 计提固定资产折旧 3 200 元,其中生产管理部门负担 2 000 元,行政管理部门负担 1 200 元。

5. 将本月制造费用 21 000 元结转生产成本(按生产工人工资比例分配,列出算式)。

基础会计·习题集(第六版)

6. 本月 A 产品已全部完工,结转 A 产品完工产品的成本,并登记 A 产品生产成本明细账。

"生产成本——A 产品"明细账

| 年 | | 凭证号数 | 摘　要 | 成本项目 | | | 合计 |
月	日			直接材料	直接工资	制造费用	
略			期初余额	120 000	2 500	800	123 300

● 销售过程的核算(每题 2.5 分,共 10 分)

1. 出售 A 产品 5 000 件,@10.00,B 产品 6 000 件,每件售价 15.00。增值税税率 13%,款项尚未收到。

2. 以库存现金支付产品广告费 1 000 元(不考虑增值税)。

3. 结转本月已销产品成本,其中 A 产品 50 000 件,@6.00;B 产品 40 000 件,@11.00。

基础会计·习题集(第六版)

4. 按照 5% 税率,计算已销 A 产品 50 000 元应纳的消费税。

● 其他业务的核算(每题 2.5 分,共 12.5 分)

1. 以银行存款购入商标权一项,计 100 000 元。

2. 用存款支付本季度银行借款利息 1 850 元,本季度已预提借款利息 1 800 元。

3. 国家投资 80 000 元,存入银行。

4. 没收逾期未退的包装物押金 936 元。

5. 购入不需安装的设备一套,计买价 50 000 元,增值税 6 500 元,运杂费 1 300 元(不考虑增值税),以银行存款支付,验收使用。

基础会计·习题集(第六版)

● 财务成果的核算(第1—2题每题3分,3—4每题2.5分,共11分)

1. 月末结转各损益类账户,各损益类账户的本期发生额如下:

账户名称	借方发生额(元)	贷方发生额(元)
主营业务成本	42 500	
税金及附加	2 000	
销售费用	2 200	
管理费用	12 500	
财务费用	3 000	
营业外支出	800	
主营业务收入		90 000
营业外收入		2 000

2. 按利润总额的25%计算并结转本月应交所得税额。(没有所得税调整事项)

3. 按税后利润的10%提取盈余公积。

4. 计提应分配给投资者利润5 000元。

基础会计·习题集(第六版)

六、计算及填表(本题 5 分)

计算填列表中括号中的金额。

账户名称	期初余额		本期发生额		期末余额	
	借方	贷方	借方	贷方	借方	贷方
银行存款	( )		21 050	70 600	60 150	
应收账款	21 100		( )	1 800	20 050	
原材料	( )		3 000	5 000	56 000	
固定资产	150 000		( )		160 000	
应付账款		( )	16 000	7 000		( )
实收资本		252 200	36 000	( )		218 600
合　计	( )	( )	( )	( )	( )	( )

期末考试综合复习题（样卷）

（总分：100分）

一、判断题（每题 1 分，共 10 分，判断对错，在每题的括号内打√或×）

（　　）1. 会计凭证按来源分，可分为记账凭证和原始凭证。

（　　）2. 销售产品业务应填制收款凭证。

（　　）3. 凡不涉及库存现金收付的经济业务均应使用转账凭证。

（　　）4. 固定资产、低值易耗品，可使用卡片式账簿登记明细账。

（　　）5. 登记明细账时，可以依据记账凭证，也可依据原始凭证。

（　　）6. 会计核算中，红色墨水笔只限于在划线、冲账、改错和表示负数余额时使用。

（　　）7. "固定资产"账户余额减去"累计折旧"账户余额，等于固定资产净值。

（　　）8. 如果账证、账账、账表完全一致，可不必进行财产清查。

（　　）9. 总账是编制会计报表的唯一依据。

（　　）10. 各种会计核算程序的主要区别在于记账程序的不同。

二、单项选择题（每题 1 分，共 10 分）

（　　）1. 付款凭证的贷方科目_____。

　　A．一定是"库存现金"　　　　　　B．一定是"银行存款"

　　C．一定是"库存现金"或"银行存款"　D．无法确定

（　　）2. 会计人员在填制凭证时，误将 5 000 元写成 50 000 元，并已登记入账，最合适的更正方法是_____。

　　A．补充登记法　　B．划线更正法　　C．全额冲账法　　D．差额冲账法

（　　）3. 从银行提取现金业务发生后填制的记账凭证是_____。

　　A．付款凭证一张　　　　　　　　B．转账凭证一张

　　C．收款凭证一张　　　　　　　　D．付款凭证和转账凭证各一张

（　　）4. 账簿按用途可以分为_____。

　　A．序时账簿、分类账簿和备查簿

　　B．订本式账簿、活页式账簿和卡片式账簿

　　C．三栏式账簿、多栏式账簿和数量金额式账簿

　　D．总账账簿、明细账账簿和日记账账簿

（　　）5. "原材料"明细分类账的格式应采用_____。

　　A．三栏式　　　　B．多栏式　　　　C．平行式　　　　D．数量金额式

（　　）6. 按规定，月末结账时_____。

　　A．不需画线　　B．画单红线　　C．画双红线　　D．画三红线

基础会计·习题集（第六版）

（　　　）7．原材料、库存商品盘点后应编制_____。

      A．盘存单   B．实存账存对比表

      C．对账单   D．余额调节表

（　　　）8．财务会计报告的编制依据是_____。

      A．原始凭证   B．记账凭证   C．账簿资料   D．会计档案

（　　　）9．用以反映某一特定日期资产、负债和所有者权益情况的会计报表是_____。

      A．利润表   B．资产负债表   C．现金流量表   D．所有者权益变动表

（　　　）10．科目汇总表会计处理程序中，总账的登记依据是_____。

      A．原始凭证   B．原始凭证汇总表   C．记账凭证   D．科目汇总表

三、多项选择题（每题 **2** 分，共 **10** 分，多选、少选、错选均不得分）

（　　　）1．记账凭证填制的依据有_____。

      A．收款凭证   B．付款凭证   C．转账凭证

      D．原始凭证   E．原始凭证汇总表

（　　　）2．每个单位必须设置的账簿有_____。

      A．总账   B．多栏式明细账   C．库存现金日记账

      D．银行存款日记账   E．备查簿

（　　　）3．采用实地盘点的财产主要有_____。

      A．原材料   B．在产品   C．库存现金

      D．银行存款   E．固定资产

（　　　）4．会计处理程序是指由_____有机结合起来的账务体系。

      A．财产清查   B．账簿组织   C．记账方法

      D．记账程序   E．会计报表

（　　　）5．会计的基本前提包括_____。

      A．复式记账   B．货币计量   C．会计期间

      D．持续经营   E．会计主体

四、填空题（每题 **1.5** 分，共 **6** 分）

1．总账和明细账平行登记的要点是：_____。

2．财产物资的盘存制度有两种，即_____。

3．编制会计报表的要求是_____。

4．说明下列账户的性质：

账户名称	账户性质
管理费用	损益类
制造费用	
销售费用	

五、核算题(本题 49 分)

根据下列会计事项编制会计分录,列明子细目。

● 采购过程的核算(每题 2.5 分,共 7.5 分)

1. 向精益工厂购入下列材料,货款未付。

品名	数量(千克)	单价(元)	金额(元)	增值税(元)
甲材料	3 200	32.00	102 400	13 312
乙材料	5 200	24.00	124 800	16 224

2. 以银行存款支付上述材料的运杂费 8 484 元(不考虑增值税),并按重量比例分摊(列出算式)。

3. 甲、乙材料验收入库,按实际成本转账。

● 生产过程的核算(第 6 题 3 分,其他每题 2.5 分,共 15.5 分)

1. 本月仓库发出的材料按用途汇总如下:

用途及部门	甲材料(元)	乙材料(元)	合计(元)
生产 A 产品	58 000	44 400	102 400
生产 B 产品	46 000	32 600	78 600
生产管理部门	16 500		16 500
行政管理部门		5 000	5 000
合　计	120 500	82 000	202 500

2. 分配本月职工工资 452 000 元。

    其中: 生产 A 产品工人工资　　　　　　　　108 000 元

          生产 B 产品工人工资　　　　　　　　192 000 元

          生产管理人员工资　　　　　　　　　64 000 元

          行政管理人员工资　　　　　　　　　88 000 元

3. 分配本月电费 63 280 元。

    其中: A 产品负担　　　　　　　　　　　15 120 元

          B 产品负担　　　　　　　　　　　26 880 元

          生产管理部门负担　　　　　　　　　8 960 元

          行政管理部门负担　　　　　　　　 12 320 元

4. 计提固定资产折旧 26 800 元,其中生产管理部门负担 12 300 元,行政管理部门负担 14 500 元。

5. 将本月制造费用 99 600 元结转生产成本(按生产工人工资比例分配,列出算式)。

6. 本月 B 产品已全部完工,登记"生产成本——B 产品"丁字账("生产成本——B 产品"期初余额为 20 300 元),编制结转 B 产品完工产品的成本的会计分录。

生产成本——B 产品

期初 20 300	

● 销售过程的核算 (每题 2.5 分,共 10 分)

1. 销售 A 产品 7 000 件,@14.00,B 产品 4 000 件,@7.50。增值税税率 13%,款项尚未收到。

2. 用转账支票支付广告费 3 500 元(不考虑增值税)。

3. 结转本月已销产品成本,其中 A 产品 35 000 件,@9.80;B 产品 42 000 件,@5.00。

4. 按照 5%税率,计提已销 A 产品 490 000 元的应交消费税。

● 其他业务的核算(每题 4 分,共 8 分)

1. 盘盈库存现金 120 元,盘亏甲材料 200 公斤,@5.00,计 1 000 元,适用增值税率 13%,办理转账。

2. 报经批准,盘盈库存现金作营业外收入处理,盘亏的甲材料 40% 由责任人赔偿,60% 作企业管理费用支出。

● 财务成果的核算(第 1—2 题每题 3 分,第 3 题 2 分,共 8 分)

1. 月末结转各损益类账户,各损益类账户的本期发生额如下:

账户名称	借方发生额(元)	贷方发生额(元)
主营业务成本	70 500	
税金及附加	6 500	
销售费用	13 200	
管理费用	18 500	
财务费用	6 300	
营业外支出	2 000	
主营业务收入		129 000
营业外收入		12 000

2. 按利润总额(没有所得税调整事项)的 25% 计算并结转本月应交所得税额。(列出算式)

3. 按税后利润的 10% 提取盈余公积。(列出算式)

六、更正错账(本题 5 分)

采用恰当的方法更正下列错账。

1. 领用 A 材料 3 600 元用于甲产品的生产,结账之前记账凭证和账户记录如下:

借:生产成本——甲产品　　　6 300

贷:原材料——A 材料　　　6 300　　生产成本——甲产品　　原材料——A 材料

更正(作出会计分录并登记账户):　　6 300　|　　　　|　6 300

2. 以库存现金购买办公用品 870 元,已被厂长办公室领用,结账之前记账凭证和账户记录如下:

借:管理费用　　　　　　　　780　　　　管理费用　　　库存现金

贷:库存现金　　　　　　　　780　　780　|　　　|　780

更正(作出会计分录并登记账户):

七、计算及填表（本题 10 分）

1. 三亚公司 20××年 3 月 31 日银行存款日记账余额为 34 200 元，开户银行对账单的余额为 35 600 元，经逐笔核对后，发现未达账项如下：

① 收到转账支票 6 000 元，单位入账，银行尚未入账。
② 以转账支票购买办公用品 900 元，单位入账，银行尚未入账。
③ 收到应收销货款 7 200 元，银行入账，单位尚未入账。
④ 本月银行借款利息 700 元，银行入账，单位尚未入账。

要求：编制银行存款余额调节表。（本题 7 分）

银行存款余额调节表

年　　　月　　　日

项　　目	金　　额	项　　目	金　　额
单位银行存款日记账余额		银行对账单余额	
加：		加：	
减：		减：	
调节后余额		调节后余额	

2. 将下列利润表的空缺金额填列完整，形成完整的利润表。（本题 3 分）

利 润 表

编制单位：海帆公司　　　　　　　　20××年 4 月　　　　　　　　单位：元

项　　　目	行次	本期金额	上期金额
一、营业收入	1	650 000	
减：营业成本	2	（　　　　　）	
税金及附加	3	65 000	
销售费用	4	23 000	
管理费用	5	67 000	
财务费用	6	21 560	
加：投资收益	7	26 560	略
二、营业利润（亏损以"－"号填列）	8	250 000	
加：营业外收入	9	4 800	
减：营业外支出	10	8 600	
三、利润总额（亏损以"－"号填列）	11	（　　　　　）	
减：所得税费用（税率 25%）	12	（　　　　　）	
四、净利润（亏损以"－"号填列）	13	（　　　　　）	

基础会计综合实训题

【业务资料】

资料一 丹桂工厂20××年11月30日总分类账户余额如下：

账户名称	借方余额	账户名称	贷方余额
库存现金	5 200	短期借款	120 000
银行存款	254 000	应付账款	56 000
应收账款	42 000	应交税费	5 000
其他应收款	11 000	应付利息	2 000
原材料	113 000	累计折旧	23 000
库存商品	160 000	实收资本	355 000
生产成本	21 000	本年利润	330 000
固定资产	312 800	利润分配	28 000
合　计	919 000	合　计	919 000

资料二 丹桂工厂20××年11月30日有关明细账户余额如下：

1. 原材料明细账：

甲材料	7 200 千克	@8.00	57 600 元
乙材料	4 000 千克	@13.85	55 400 元
合　计			113 000 元

2. 应收账款明细账：

吉祥工厂	18 000 元
佛手公司	24 000 元
合　计	42 000 元

3. 生产成本明细账：

A 产品	11 200 元	其中：直接材料5 900 元；直接人工2 500 元；制造费用2 800 元
B 产品	9 800 元	其中：直接材料5 500 元；直接人工1 800 元；制造费用2 500 元
合计	21 000 元	

4. 应付账款明细账：

麒麟工厂	31 000 元
安琪公司	25 000 元
合　计	56 000 元

5. 利润分配明细账：

利润分配——未分配利润　　　　　28 000 元

资料三　丹桂工厂20××年12月份发生会计事项如下：

1. 1日，接收国家追加投资256 500元，其中全新设备一台计50 000元，增值税额6 500元，其余款项为货币资金存入银行。

2. 2日，向麒麟工厂购入甲材料8 000千克，@8.00，计64 000元，增值税8 320元，材料已验收入库，按其实际采购成本入账，款项尚未支付。

3. 3日，收到佛手公司还来前欠账款24 000元，存入银行。

4. 4日，仓库发出甲、乙两种材料，由以下各部门领用：

用　途	甲材料	乙材料	合　计
生产B产品	2 800千克@8.00　计22 400元	1 500千克@13.85　计20 775元	43 175元
生产管理部门		300千克@13.85　计4 155元	4 155元
行政管理部门		200千克@13.85　计2 770元	2 770元
合　计	2 800千克@8.00　计22 400元	2 000千克@13.85　计27 700元	50 100元

5. 6日，以银行存款支付应交税金5 000元。

6. 7日，以库存现金购买办公用品600元，其中行政管理部门领用400元，车间管理部门领用200元。

7. 8日，以银行存款归还前欠麒麟工厂账款31 000元。

8. 10日，向银行提取现金180 000元，备发工资。

9. 10日，以库存现金发放职工工资180 000元。

10. 10日，销售给佛手公司B产品3 000件，@68.00，计204 000元，增值税额26 520元，款项尚未收到。

11. 11日，车间管理人员夏一预支差旅费1 200元，以现金支付。

12. 13日，向安琪公司购入乙材料2 000千克，@13.85，计27 700元，增值税额3 601元，材料已验收入库，按实际采购成本入账，款项尚未支付。

13. 14日，收到吉祥工厂还来前欠账款18 000元，存入银行。

14. 15日，以银行存款支付上月所欠安琪公司账款25 000元。

15. 15日，以银行存款支付银行手续费200元。

16. 16日，销售给吉祥工厂A产品2 000件，@47.00，计94 000元，增值税12 220元，货款尚未收到。

17. 17日，仓库发出甲、乙两种材料，由以下各部门领用：

用　　途	甲材料		乙材料		合　　计
1. 生产 A 产品	4 500 千克@8.00	计 36 000 元	1 200 千克@13.85	计 16 620 元	52 620 元
2. 生产 B 产品	2 600 千克@8.00	计 20 800 元	1 700 千克@13.85	计 23 545 元	44 345 元
3. 生产管理部门			500 千克@13.85	计 6 925 元	6 925 元
4. 行政管理部门			300 千克@13.85	计 4 155 元	4 155 元
合　　计	7 100 千克@8.00	计 56 800 元	3 700 千克@13.85	计 51 245 元	108 045 元

18. 18 日,以库存现金支付罚款 247 元。

19. 19 日,车间管理人员夏一出差回来,报销差旅费 1 500 元,补给其垫付款 300 元,结算预支借款。

20. 21 日,收到吉祥工厂付来欠款 106 220 元,佛手公司付来欠款 230 520 元,均已存入银行。

21. 22 日,向麒麟工厂购入甲材料 2 000 千克@7.80,计 15 600 元;乙材料 3 000 千克@13.65,计 40 950 元,增值税额合计 7 351.50 元,款项尚未支付。

22. 24 日,以库存现金支付上述甲、乙材料的运费 1 000 元(按材料重量比例分摊)。上述甲、乙材料已验收入库,按其实际采购成本转账。

23. 26 日,盘亏甲材料 50 千克,@8.00,原因待查,适用增值税率 13%。

24. 28 日,以银行存款支付广告费 11 080 元(不考虑增值税)。

25. 29 日,购入不需安装的设备一套,计买价 7 800 元、增值税额 1 014 元,以银行存款支付,另以库存现金支付运杂费 320 元。

26. 30 日,以银行存款支付本季度银行借款利息 3 200 元,本季度已预提 2 000 元。

27. 30 日,销售给吉祥工厂 A 产品 2 200 件,@47.00,计 103 400 元,增值税额 13 442 元,货款尚未收到。

28. 31 日,以银行存款归还短期借款 100 000 元。

29. 31 日,以库存现金支付捐赠支出 1 000 元。

30. 31 日,经查,甲材料盘亏系仓库收发过程中的差错,经批准作管理费用处理。

31. 31 日,分配结转本月份职工工资 180 000 元,其中:A 产品生产工人工资 48 000 元,B 产品生产工人工资 70 000 元,生产管理部门人员工资 15 000 元,行政管理部门人员工资 47 000 元。

32. 31 日,收到银行转来罚款收入 6 000 元。

33. 31 日,分配结转本月应付电费 9 500 元,其中:A 产品应负担 4 080 元,B 产品应负担 3 420 元,生产管理部门应负担 1 000 元,行政管理部门应负担 1 000 元。

34. 31 日,本月提取固定资产折旧 15 100 元,其中:生产管理部门应负担 6 620 元,行政管理部门应负担 8 480 元。

35. 31 日,结转本月份制造费用,按 A、B 两种产品生产工人工资比例分摊记入产品生产成本。

36. 31 日,本月投产的 A 产品全部完工,并已验收入库,按实际成本转账(B 产品尚未完工)。

37. 31 日,结转本月已销售 A、B 产品的生产成本,A 产品,@32.00,B 产品,@46.00。

38. 31 日,按本月 B 产品销售收入的 5%计提消费税。

39. 31 日,将本月损益类账户余额结转"本年利润"账户。

基础会计·习题集(第六版)

40. 31 日,按本月利润总额的 25% 计算应交所得税,并将"所得税费用"账户余额结转"本年利润"账户。

41. 31 日,按本年度税后利润的 10% 计提盈余公积。

42. 31 日,将本年度的税后利润的 40% 作为应付给投资者的利润。

43. 31 日,年终,将"本年利润"账户余额结转"利润分配——未分配利润"账户。将"利润分配——提取盈余公积"和"利润分配——应付股利"明细账户的借方余额结转"利润分配——未分配利润"账户。

【要求】

1. 根据资料一开设总分类账户(三栏式),并登记期初余额。

2. 开设"原材料"(数量金额式)、"应收账款"(三栏式)、"应付账款"(平行式)和"生产成本"(多栏式)明细分类账。

3. 根据资料三编制记账凭证。

4. 根据记账凭证编制"科目汇总表"(1—10 日编一张,11—20 日编一张,21—31 日以第 21—38 笔会计事项编一张,第 39—43 笔会计事项编一张,共四张,编号从科汇 45 号起)。

5. 根据所编制的记账凭证登记有关明细分类账户,根据科目汇总表登记总分类账户,并结出期末余额。

6. 编制试算平衡表试算平衡;编制原材料明细分类账户本期发生额及余额表与相关总账核对相符。

7. 根据总账及有关明细账余额及发生额编制"资产负债表"及"利润表"。

【实训用纸配置】

会计分录用纸(代记账凭证)

序号	日期	凭证号数	摘要	会计科目及子细目	过账	借方金额	贷方金额

会计分录用纸（代记账凭证）

序号	日期	凭证号数	摘　要	会计科目及子细目	过账	借方金额	贷方金额

会计分录用纸（代记账凭证）

序号	日期	凭证号数	摘　要	会计科目及子细目	过账	借方金额	贷方金额

会计分录用纸（代记账凭证）

序号	日期	凭证号数	摘　要	会计科目及子细目	过账	借方金额	贷方金额

会计分录用纸（代记账凭证）

序号	日期	凭证号数	摘　要	会计科目及子细目	过账	借方金额	贷方金额

科目汇总表

年　月　日至　日　　　　　科汇第　号

会计科目	总账页数	本期发生额		记账凭证起讫号数
		借方	贷方	
				（略）
	（略）			
合计				

基础会计·习题集（第六版）

科目汇总表

年　月　日至　日　　　　　　科汇第　号

会计科目	总账页数	本期发生额		记账凭证起讫号数
		借方	贷方	
	（略）			（略）
合计				

科目汇总表

科汇第　号

会计科目	总账页数	本期发生额		记账凭证起讫号数
		借方	贷方	
	（略）			（略）
合计				

年　月　日至　日

科目汇总表

年　月　日至　日　　　　　　科汇第　号

会计科目	总账页数	本期发生额		记账凭证起讫号数
		借方	贷方	
	（略）			（略）
合计				

总 分 类 账

账户名称：库存现金

××年		凭证		摘　要	借　方	贷　方	借／贷	余　额
月	日	种类	编号					

账户名称：银行存款

××年		凭证		摘　要	借　方	贷　方	借/贷	余　额
月	日	种类	编号					

账户名称：应收账款

××年		凭证		摘　要	借　方	贷　方	借/贷	余　额
月	日	种类	编号					

账户名称：其他应收款

××年		凭证		摘　要	借　方	贷　方	借/贷	余　额
月	日	种类	编号					

账户名称: 在途物资

××年		凭证		摘　要	借　方	贷　方	借/贷	余　额
月	日	种类	编号					

账户名称: 原材料

××年		凭证		摘　要	借　方	贷　方	借/贷	余　额
月	日	种类	编号					

账户名称: 库存商品

××年		凭证		摘　要	借　方	贷　方	借/贷	余　额
月	日	种类	编号					

账户名称: 固定资产

××年		凭证		摘　要	借　方	贷　方	借／贷	余　额
月	日	种类	编号					

账户名称: 累计折旧

××年		凭证		摘　要	借　方	贷　方	借／贷	余　额
月	日	种类	编号					

账户名称: 待处理财产损溢

××年		凭证		摘　要	借　方	贷　方	借／贷	余　额
月	日	种类	编号					

账户名称: 生产成本

××年		凭证		摘　要	借　方	贷　方	借／贷	余　额
月	日	种类	编号					

账户名称：制造费用

××年		凭证		摘　要	借　方	贷　方	借/贷	余　额
月	日	种类	编号					

账户名称：短期借款

××年		凭证		摘　要	借　方	贷　方	借/贷	余　额
月	日	种类	编号					

账户名称：应付账款

××年		凭证		摘　要	借　方	贷　方	借/贷	余　额
月	日	种类	编号					

账户名称:应付职工薪酬

××年		凭证		摘　要	借　方	贷　方	借/贷	余　额
月	日	种类	编号					

账户名称:应付股利

××年		凭证		摘　要	借　方	贷　方	借/贷	余　额
月	日	种类	编号					

账户名称:应交税费

××年		凭证		摘　要	借　方	贷　方	借/贷	余　额
月	日	种类	编号					

账户名称:应付利息

××年		凭证		摘　要	借方	贷方	借/贷	余　额
月	日	种类	编号					

账户名称:实收资本

××年		凭证		摘　要	借　方	贷　方	借/贷	余　额
月	日	种类	编号					

账户名称:盈余公积

××年		凭证		摘　要	借　方	贷　方	借/贷	余　额
月	日	种类	编号					

账户名称:本年利润

××年		凭证		摘　要	借方	贷　方	借/贷	余　额
月	日	种类	编号					

账户名称:利润分配

××年		凭证		摘　要	借　方	贷　方	借/贷	余　额
月	日	种类	编号					

账户名称:主营业务收入

××年		凭证		摘　要	借　方	贷　方	借/贷	余　额
月	日	种类	编号					

账户名称:营业外收入

××年		凭证		摘　要	借　方	贷　方	借/贷	余　额
月	日	种类	编号					

账户名称:主营业务成本

××年		凭证		摘　要	借　方	贷　方	借/贷	余　额
月	日	种类	编号					

账户名称:税金及附加

××年		凭证		摘　要	借　方	贷　方	借/贷	余　额
月	日	种类	编号					

账户名称:销售费用

××年		凭证		摘　要	借　方	贷　方	借/贷	余　额
月	日	种类	编号					

账户名称:管理费用

××年		凭证		摘　要	借　方	贷　方	借/贷	余　额
月	日	种类	编号					

账户名称: 财务费用

××年		凭证		摘　要	借　方	贷　方	借/贷	余　额
月	日	种类	编号					

账户名称:营业外支出

××年		凭证		摘 要	借 方	贷 方	借/贷	余 额
月	日	种类	编号					

账户名称:所得税费用

××年		凭证		摘 要	借 方	贷 方	借/贷	余 额
月	日	种类	编号					

原材料明细账

类别:　　　　　名称和规格:　　　　　计量单位:　　　　　仓库:

××年		凭证	摘要	收 入			发 出			结 存		
月	日	号数		数量	单价	金额	数量	单价	金额	数量	单价	金额

原材料明细账

类别：　　　　　　　名称和规格：　　　　　　　计量单位：　　　　　　　仓库：

××年		凭证	摘要	收　入			发　出			结　存		
月	日	号数		数量	单价	金额	数量	单价	金额	数量	单价	金额

应收账款明细账

账户名称：

××年		凭证		摘　要	借　方	贷　方	借/贷	余　额
月	日	种类	编号					

应收账款明细账

账户名称：

××年		凭证		摘　要	借　方	贷　方	借/贷	余　额
月	日	种类	编号					

应付账款明细账

行次	户名	借 方					贷 方					转销
		××年		凭证号数	摘要	金额	××年		凭证号数	摘要	金额	
		月	日				月	日				

生产成本明细账

账户名称:A 产品

年		凭证号数	摘 要	成本项目			合计
月	日			直接材料	直接人工	制造费用	

生产成本明细账

账户名称:B 产品

年		凭证号数	摘 要	成本项目			合计
月	日			直接材料	直接人工	制造费用	

试算平衡表

编制单位：　　　　　　　　　　　年　　月　　日　　　　　　　　　单位:元

账户名称	期初余额		本期发生额		期末余额	
	借方	贷方	借方	贷方	借方	贷方

原材料明细分类账户本期发生额及余额表

明细分类 账户名称	期初余额		本期发生额		期末余额	
	借方	贷方	借方	贷方	借方	贷方
合 计						

资产负债表

编制单位：　　　　　　　　　　　　年　　月　　日　　　　　　　　　　　　单位:元

资　产	行次	年初余额	期末余额	负债和所有者权益	行次	年初余额	期末余额
流动资产：				流动负债：			
货币资金	1			短期借款	19		
交易性金融资产	2			应付账款	20		
应收账款	3			预收账款	21		
预付账款	4			其他应付款	22		
其他应收款	5			应付职工薪酬	23		
存货	6			应交税费	25		
流动资产合计	8			应付股利	26		
非流动资产：				流动负债合计			
长期股权投资	9			非流动负债：	28		
固定资产	13			长期借款	29		
无形资产	15			非流动负债合计	30		
非流动资产合计	16			负债合计	31		
				所有者权益：			
				实收资本	32		
				资本公积	33		
				盈余公积	34		
				未分配利润	35		
				所有者权益合计	36		
资产总计	18			负债和所有者权益 总计	37		

基础会计·习题集（第六版）

利 润 表

编制单位：　　　　　　　　　　　　　　　　年　月　　　　　　　　　　　　　单位:元

项　　目	行次	本月金额	上期金额
一、营业收入	1		
减：营业成本	2		
税金及附加	3		
销售费用	4		
管理费用	5		
财务费用	6		
加：投资收益	7		略
二、营业利润(亏损以"－"号填列)	8		
加：营业外收入	9		
减：营业外支出	10		
三、利润总额(亏损以"－"号填列)	11		
减：所得税费用	12		
四、净利润(亏损以"－"号填列)	13